范耕研著

蠹硯齋叢書之九

周易詁辭

文史哲出版社印行

國家圖書館出版品預行編目資料

周易詁辭 / 范耕研著. -- 初版. -- 臺北市：
文史哲, 民 87
面：　公分. --（蘦硯齋叢書；9）
ISBN 957-549-127-0(精裝) .--ISBN 957-549-128-9(平裝)

1. 易經 - 解釋

121.12　　87002248

蘦硯齋叢書 ⑨

周易詁辭

著　者：范　耕　研
出版者：文　史　哲　出　版　社
登記證字號：行政院新聞局版臺業字五三三七號
發行人：彭　正　雄
發行所：文　史　哲　出　版　社
印刷者：文　史　哲　出　版　社
臺北市羅斯福路一段七十二巷四號
郵政劃撥帳號：一六一八〇一七五
電話 886-2-23511028・傳眞 886-2-23965656

中華民國八十七年二月初版

ISBN 957-549-127-0（精裝）
ISBN 957-549-128-9（平裝）

著者范耕研遺影

生於1894年農曆10月8日江蘇之淮陰
逝於1960年7月27日 上海市
享壽六十七歲

著者德配萬太夫人遺像
生於1899年農曆2月21日江蘇之淮陰
逝於1946年農曆2月6日淮陰水渡口老宅
享年四十八歲

高序

柳師劬堂嘗盛稱淮陰三范，以績學聞於南雍。伯尉曾，字耕研，號冠東，治周秦諸子；仲紹曾，攻物理、化學；叔希曾，字耒研，初爲歸、方古文，繼爲目錄、版本之學，皆有聲於時。先兄孟起與三范同時就讀於南京高等師範，與耕研之私交尤篤，常爲余言之。民國十四年，余入南雍，每訪龍蟠里國學圖書館，猶及見耒研，繼讀其書目答問補正，更深儀其人。顧余卒業於南雍時，耒研業棄世。遭時喪亂，先兄故於行都之歌樂山，與范氏之音訊遂絕。一月前，鹽城司教授琦兄來訪，述及其鄉賢范君耕研之長公子名震者在臺，今春曾返鄉探親，攜出其父叔遺稿之倖存者如墨辯疏證、呂氏春秋補注、莊子詁義（未刊稿）、書目答問補正，及其父之詩詞殘存於日記中者將輯集之，並刊爲范氏遺書，而屬其問序於余。余知耕研所著尙有文字略十卷、淮陰藝文考略八卷、韓非子札記二卷、張右史詩評二卷、宋史陸秀夫傳注一卷，均於所謂「文化大革命」時燬佚於紅衛兵之手；其子恐其父叔之心血所注，若再亡佚，將何以對先人於泉下，乃有遺書之刊印。其孝思之誠篤，在今日不可多見，實足以風世而正俗矣，因樂而爲之序。

中華民國七十八年三月高郵高明謹撰於木柵之雙桂園。

敘

《周易詁辭》四卷，先師抗戰中所著書八種之一，原擬勝利後付梓，因事不果。一九六零年，師病辭世。原稿存申江潤侯師兄寓所，文革中與《莊子詁義》同付劫灰。純於六十餘年前，負笈省揚中時，曾受師教誨；一九四三年，師從淮浦移居吾邑寶應，純遂得再度從游，惟下駟樗材，愧未得薪傳於萬一。師所著《莊》《易》兩詁，純俱煩鎮江僑寶之陳兆蕙、兆華昆玉與鹽城僑寶之李尚志表弟景寫錄副珍藏，文革中胥於揚州寄寓中散出，皆經揚州古籍書店檢得，傳鈔行世，此稿遂得倖存。兆蕙、兆華係陳鳳文先生之兩女公子，鳳文先生早歲留學東瀛，長江蘇省立淮陰農業學校多年，時亦僑寶，與師素稔。尚志係純三舅李西垣先生之子，東夷入侵期間，先舅氏長第三臨時中學，先師叔農研先生長第二臨時師範，因之與先師亦素稔，是《莊》《易》兩稿錄副者，皆與剛侯師兄有世誼者也。一九九一年，師兄印出殘本《莊子詁義》於臺北市，同窗芮和師兄於其師于在春先生案頭見之，喜而函告，乃得與師兄取得聯係，方知《易》《莊》兩詁原稿胥已被燬。純乃託摯友徐沁君、顧一平兩兄代爲訪求揚州書賈傳鈔本，皆得，惟非景鈔，魯魚亥豕，觸目俱是。師兄命純圈校，不敢以力不勝任辭。九四年，純類風關宿疾復發，大懼，乃從八月起專力從事於此，歷寒暑一周，至九五年七月，《易》《莊》兩詁，再校畢事，其中《易詁》即此稿也。

恭讀三十六年十一月二十六日先師覆柳劬堂太夫子函云：『居喪於家，足不敢出戶，思古聖人憂思作《易》之意，成《周易詁辭》四卷。《易》旨義深，難可了解，僅釋其文辭之末，庶略能窺見殷周之際社會生活之情況耳！』先師《易詁》宗王輔嗣之學，將漢人卦變升降等說，廓除一清，專明古代社會生活情況，勝義紛披，發人神智。先師於《繫辭》詁中曾云：『《詩》無達詁，《易》無定象』，旨哉是言。故所詁極少涉及《易》象者。純從先師讀《易》時，本有筆記，惜燬於浩劫。今於圈校中，尚有一二疑滯難於領悟。如《中孚》上九『翰音登于天』，師詁云：『翰音，雞也。雄雞斷尾悼爲犧』，『悼』字未詳，疑傳鈔訛奪。《繫辭上傳》『震无咎者存乎悔』，先師詁中有『先儒以上文有悔過之語』句，查上文爲『无咎者，善補過也』，無『悔過』語，亦疑書坊傳鈔有誤。《兌》六三：『來兌，凶。』師詁：『來兌者，舍悅而來，先儒以爲諂佞，故爲凶。』純初圈校時，讀『舍』爲『舍爾靈龜』之『舍』，遂增疑滯，以爲傳鈔有誤；續校《莊詁》中，有『舍』讀如『鬼神將來舍』之『舍』句，因憶及《易詁》中『舍悅而來』句中之『舍』，亦當讀如《莊詁》。一得之愚，未知當否？謹附誌於此，以就正於方家。又師於十翼，僅詁其九，缺『雜卦』一翼未詁。純慚庸劣，未明斯旨。查南海康氏《新學僞經考》卷三上，有『雜卦則言訓詁，此則歆所僞竄，並非河內所出。』當遜清末造，康氏之說盛行，先師或亦以『雜卦』一翼，既言訓詁，則無須再詁。此係純之妄測，惜當年未能及時啓請，今則解惑無從矣。

《易詁》自《小畜》九三爻辭象傳：『夫妻反目，不能正室也』之『反目』起，至《噬嗑》六三爻辭象傳：『遇毒，位不當也』之『不當』止，缺象傳正文；又，從《小畜》起，至《觀》卦止之全部詁辭皆脫。蓋此係揚州古籍書店迻錄陳、李影稿時，漏寫一整葉所致。茲據《周易》通行本補象傳正文；所缺先師《詁辭》部份，因訪求未獲，不得已各分別注一『佚』字。

先師寓寶期間，於純處得見喬萊《易俟》及朱止泉《易旨》二書，皆寶應鄉先賢所著。《易佚》以史事證《易》，非宗漢儒之學，故四庫全書未收，僅收入存目；《易旨》則以理學談《易》者。先師讀後擬摘錄其中精粹語入《詁辭》中，後因匆匆離寶未果。僅將讀後感寫進《居安日記》，極加贊賞，蓋以喬、朱二書皆深切實用者也。先師於《乾》詁末段曾云：『愚今所詁，其重在辭，冀其辭達而義通，以爲讀《易》者之一助。』蓋欲通《易》義，必藉助於名詮，此不易之理也；詮爻勢必藉助於《易》象，此又不易之理也。但《易》象極夥，雖以天縱之聖，五十學《易》尚三絕韋編。近代治《易》專家尚秉和，著有《周易尚氏學》，中華書局印行，漢學專家于省吾作序盛贊之。其書於采《說卦》、《荀九家》中之象不能解釋者，則更取《易林》中象以明之，於是《易》象更繁。究心於《易》學者，對此夥頤之象，其記憶之難，無殊於記憶釋氏相宗中之名相也。先師嘗誨純云，年齡少長，即無法熟記此極繁極瑣之《易》象於胸次。旨哉斯言，此龔定庵《已亥雜詩》中之所以有『雖然大器晚來成，卓犖全憑弱冠爭』之句也。莘莘學子，若有志於研究《易》學，其可不於髫年勤奮乎！先師《乾》詁末段有『偶明其象，不能備具』之語者，蓋先師治《莊》極早，治《易》已近尼山學《易》之年，即使三絕韋編，亦無法熟羅如此夥頤諸象於胸次，詁辭中少談象者，或亦年齡爲之限也。《易》本卜筮之書，《左傳》《國語》中談及筮事，幾無不涉及『之卦』。先師於《乾》詁末段有『至於變占，請俟異日』之語。惜天不假年，六零年遽歸道山，否則對『變占』必有勝解，日記遂以『明夷集』數葉絕筆。玄言終閟，亦吾儕從遊者之不幸也已。

十年浩劫，曳尾泥途，苟全性命，幸覩明時。今於行將就火之年，潛心於消息盈虛之理，緬懷師訓，感慨萬端。金鏡秦亡，斯文天喪；闕里孔林，碑殘檜萎。剝極必復，否極泰來；珠囊漢理，儒雅重興。輔嗣『野文』，得沖遠而始彰；先師遺著，得剛侯而乃顯。『孝思不匱，永錫爾類』，當今之世，惟師兄足以當之而無愧者也。

純以宿疾復發，病廢匡床，其所以能不辱使命，未虧一簣之功者，胥賴諸益友全力支持所致。蓋受命以來，承八五高齡徐沁君兄鼎力賜助；徐君永楠素好研《易》，惠假書籍多冊；序文完成後，復蒙南京王君正來於炎暑高溫中來揚州繕寫。此皆使純銘刻五內，永誌不忘者也。

一九九五年七月，受業郁念純恭敍，時年八十有四。

周易詁辭目次

周易詁辭卷一

淮陰　范耕研　學

周易上經

☰ 乾下乾上

乾。元亨利貞。初九。潛龍。勿用。九二。見龍在田。利見大人。九三。君子終日乾乾。夕惕、若厲。无咎。九四。或躍在淵。无咎。九五。飛龍在天。利見大人。上九。亢龍。有悔。用九。見群龍无首。吉。

周易首乾者。乾以象天。穹然在上。蒼蒼无極。覆幬萬物而無遺。先民之所敬畏莫先于此矣。比之以龍者。

龍。前世所遺鉅物也。種類繁碩。或潛或飛。倏忽往來。莫可度量。先民之所震驚莫神于此矣。大人者。各種姓所戴以爲君者也。其威德爲種人所利賴。得見斯人。利孰大焉。故曰利見大人。君子者。貴而在位者也。乾乾。敬也。惕。懼也。厲。危也。上世群族力政。禽獸逼人。其足爲民害者。不可數計。在位之君子。有保民之責。朝乾夕惕。不敢有一刻之或懈也。亢。高也。極也。龍升山顚。有時而困。不似平原之縱橫也。故曰亢龍有悔。群龍相聚。其勢愈盛。不可以加。故曰无首。上古林蒸群立。分合不時。不似後世之統于一尊。无專制之患。故曰吉也。　元亨利貞之義。繫辭傳備矣。因詳彼注。茲不復出。王應麟曰。「初九。潛龍。辭也。有九則有六。變也。潛龍。象也。勿用。占也。」愚今所詁。其重在辭。冀其辭達而義通。以爲讀易者之一助。偶明其象。不能備具。至於變占。請俟異日。

䷁ 坤下坤上

坤。元亨。利牝、馬之貞。君子有攸往。先迷。後得主。利。西南得朋。東北喪朋。安貞吉。初六。履霜。堅冰至。六二。直、方、大。不習无不利。六三。含章可貞。或從王事。无成。有終。六四。括囊。无咎。无譽。六五。黄裳元吉。上六。龍戰于野。其血玄黄。用六。利永貞。

坤。地道也。天覆地載。故次于乾。牝馬應分讀爲兩義。乾男坤女。故曰牝。干寶曰。「行天者莫若龍。行地者莫若馬。」故坤以馬象。前人皆以牝馬二字連讀。不可解。坤利馬貞者。坤輿廣大。馬能遠征。爲人所利用也。上世无逆旅。偶適異域。隨所至而投止。居人无拒之者。此人類相恤之善俗也。至今蒙藏非澳。遺俗猶然。大戴曾子制言上篇。曾子門弟子或將之晉。曰。

吾无知焉。曾子曰。何必然。往矣。有知焉謂之友。无知焉謂之主。此卦所謂有攸往。適異域也。先迷者。謂失道也。後得主者。終有所棲止也。朋則曾子所謂友也。不僅信宿。且相知矣。西南得朋。東北喪之者。旅人所過之主。或賢或否也。人不能永留一地而不出。出則吉凶悔吝不可預知。古人愼之。故六十四卦爻中。以有攸往占者甚衆。蓋以此也。凡有攸往。及得主、遇主。皆當以此解之。此說略本王引之經義述聞。他家多以君臣說之。誤矣。

履霜而知堅冰之至者。由南而北。氣候漸寒。于以知地體之廣大也。坦夷无極。坤之直也。四遠旁薄。坤之方也。兼載萬物。坤之大也。不習。不熟知也。山林新闢。雖非宿居之地。而墾治定宅。无有不利也。内含章美。可以得正。民之俊秀。徵發從公。詩云。王事靡盬。不敢蓺稷黍。故曰无成。民泯之于國事。既不敢有所倡率。更不敢尸其功。然未有不始終其事者。故曰有終也。此古代俊秀之民。夙夜在公之劬勞也。王弼曰。「括結否閉。賢人乃隱。」正義曰。括。結也。囊所以儲物。以譬心藏知也。閉其知而不用。故曰括囊。不與物忤。故曰无咎。功名不顯。故曰无譽。此言古代俊秀之民。匿其才智以自保也。邦有道則智。邦无道則愚。況在古代。諸侯駢列。更勝迭敗虜係之餘。能不以括囊自處哉。　人寄于地。孳生无窮。地雖廣博。終有盈時。人滿則養生不足。土盡則爭地時起。故曰龍戰于野。其道窮也。　六五用六。愚所不詳。

䷂ 震下坎上

屯。元亨。利貞。勿用有攸往。利建侯。初九。磐桓。利居貞。利建侯。六二。屯如邅如。乘馬班如。匪寇。婚媾。女子貞不字。十年乃字。六三。即鹿无虞。惟入于林中。君子幾。不如舍。往吝。六四。乘馬班如。求婚媾。往吉。无不利。九五。屯其膏。小貞吉。大貞凶。上六。乘馬班如。泣血漣如。

屯。難也。盈也。　初民萌生。无所統隸。疆理貨賄。時虞侵奪。加以禽獸逼人。生民乃困。所謂屯難之世也。有知慧武勇出群者。群往歸之。侯王乃建。王弼曰。「息亂以靜。守靜以侯。民安其正。弘正在謙。屯難之世。民思其主之時也。」磐桓、屯、邅、班。皆進之難也。上世婚姻。出于劫奪。志不在財賄。而在妻孥。故曰匪寇婚媾。稍進而有聘采之禮。然猶假劫奪狀以行之。見群馬之班如。則疑爲寇。繼而覘之。是來求婚者。故曰求婚媾也。字。乳也。婚後十年乃育。生子之難也。女子初見執。非心悦也。雖生而不舉。馴至十年。安其室家。以長其子孫。故曰十年乃字也。虞人。掌禽獸者。鹿。王肅本作麓。山足也。郭忠孝曰。「鹿如鉅鹿、沙鹿之鹿。」知鹿麓古通。先儒或以爲麋鹿。誤也。上世原野。長林豐草。爲獵牧從禽之所寄。故虞人爲時所尊。堯之試舜。納于大麓。烈風雷雨弗迷。故謂之虞舜。今即鹿而无虞。將入林而迷。君子雖幾。近之亦不如舍去。往將吝窮也。　膏。澤也。屯其膏者。澤之施于民者難。小人吝財。乃其常情。非君子者所宜出。故小吉大凶。

此卦所述凡三義。一。立國。二。成家。三。從獵。皆上世重要之事。當其伊始。莫不艱難困苦。故屬之屯。

䷃ 坎下艮上

蒙。亨。匪我求童蒙。童蒙求我。初筮告。再三瀆。瀆則不告。利貞。初六。發蒙。利用刑人。用說桎梏。以往吝。九二。包蒙吉。納婦吉。子克家。六三。勿用取女。見金夫。不有躬。无攸利。六四。困蒙。吝。六五。童蒙吉。上九。擊蒙。不利爲寇。利禦寇。

蒙。昧也。稚也。禮聞來學。不聞往教。筮。決疑也。

瀆。褻也。舉一隅不以三隅反。則不復也。發。啓也。啓發蒙稚。謂兒童之始學也。上古種姓林立。力政經營。勝則爲主。敗則爲俘。勝者操兵禦侮。无暇教誨其子弟。且文化之發達不齊。俘囚所擅。每有爲勝族所不及者。于是選于臣妾。使任師保之責。若伊尹起于庖宰。傅説舉于版築。又如箕子之囚。百里之奴。皆其例也。故曰利用刑人。説其桎梏也。説借爲脱。然種族既異。不忘敵對。又不可不防。故又以往吝警之。包。覆也。包蒙者。兒童蒙昧。當覆蓋之。使知改悔。故吉也。納婦克家。童蒙而漸即成人矣。取。説文。捕取也。勿用取女者。不以劫取而以財賄。此買婦也。上世婦女无自主之權。任人鬻買。故曰不有躬也。林希元謂六三別取一義。因二爻說及納婦。故發此象。是也。

困于蒙昧。不親明師。德業不進。是終窮矣。故曰吝也。困而不學。民斯爲下矣。

六五。童蒙而稱吉者。自知蒙昧。不敢專輒。若成王之委用周公。雖在童蒙。吉孰大焉。

擊蒙者。猶言兼弱取昧。吾既蒙矣。方將爲人所擊。奚暇爲寇。惟有上下一心。以禦外侮。庶幾可免。故曰利禦寇也。上世諸族林立。爭端時啓。或爲寇。或禦寇。殆所常有。但論利不利。无是非可言也。

此卦述童蒙成己應世之道。

䷄ 乾下坎上

需。有孚。光亨。貞吉。利涉大川。初九。需于郊。利用恆。无咎。九二。需于沙。小有言。終吉。九三。需于泥。致寇至。六四。需于血。出自穴。九五。需于酒食。貞吉。上六。入于穴。有不速之客三人來。敬之終吉。

需。待也。險在于前。有待乃進也。孚。信也。忠信可以行蠻貉。故曰有孚光亨貞吉也。上世舟楫之利未興。大河前橫。而交通爲阻。行旅于此。應審愼有待。乃能利涉也。涉川既爲古人恆行之事。他卦亦多有以此爲占者。解之於此。他不復出。邑外爲郊。廣漠爲沙。水潦爲泥。血應作洫。田間水道爲洫。郊原坻平。可以定居。故曰利用恆无咎。沙漠不可居。棲遲其間。必有煩言。遷地爲良。故曰小有言終吉。泥塗之間。進退不便。鄰敵生心。故曰致寇至。洫亦非能久居之所。故思返于穴。棲遲往來。居无定所。此先民之艱也。然流轉雖久。而飲食爲所必需。故曰貞吉。速。戒也。士冠禮曰。乃宿賓。宿賓之法。前期二日。亦作肅。鄭曰。肅猶戒也。鄉飲酒禮曰。主人戒賓。不速之客。言非預戒之賓也。先民穴處。夏出冬返。返穴而有他人先焉。故曰不速之客也。三之言多也。此時最易啓爭。能待之以敬。則爭端可弭。而終獲吉矣。

此卦所述。乃穴居時代。人民游行漫衍之狀況也。

䷅ 坎下乾上

訟。有孚窒惕。中吉。終凶。利見大人。不利涉大川。

初六。不永所事。小有言。終吉。九二。不克訟。歸而逋其邑人三百戶。无眚。六三。食舊德。貞厲。終吉。或從王事无成。九四。不克訟。復。即命渝。安貞吉。九五。訟元吉。上九。或錫之鞶帶。終朝三褫之。

訟。爭辯也。王弼曰。「窒。謂窒塞也。能惕。然后可以獲中吉。」史徵曰。「凡爲訟之體。必須信實。被人止塞。若能因此而懷惕懼。于中途而止。即獲吉也。若終竟相訟。雖蹔獲勝。而終必有凶。」侯果曰。「大人斷決必中。故利見也。訟是險事。以險涉險。故不利涉大川。」不永所事者。蹔也。小有言者。爭不大也。此言未成訟。故終吉。上世所爭。多在子女玉帛。今歸其逋竄之三百户。則爭端既无。訟自可息。故雖不克訟。亦无眚也。各家皆讀歸而逋爲句。惟鄭剛中周易窺餘連下讀。今從之。奕世先代。能有德于民。

則民懷之。若三代聖王。皆積德累功至數十世。終王天下。此其犖犖大者。小之若一邦一邑之君長。亦必有恩澤于民。而後世食其福。不然。亡之忽矣。故曰食舊德貞厲終吉也。或從王事无成者。解在坤卦。茲不復出。

九四。不克訟者。自知非理。願罷其訟。故安貞吉也。渝。改也。謂自改其所爲也。訟。凶事也。而謂之元吉者。爭端起于不平。抑不使訟。則不平僉甚。故訟之于理。則公義申而干戈可免。故謂之元吉也。或錫或褫。訟之勝負无常。而爭端之所以不息也。

此卦述上世爭訟之事。

䷆坎下坤上

師。貞丈人吉。无咎。初六。師出以律。否臧。凶。九二。在師中。吉。无咎。王三錫命。六三。師或輿尸。凶。六四。師左次。无咎。六五。田有禽。利執言。无咎。長子帥師。弟子輿尸。貞凶。上六。大君有命。開國承家。小人勿用。

師。兵衆也。丈人。長老之稱。上世書契未作。教化未弘。吉凶利鈍。非常人所可知。丈人之更事多。能識前言往行。衆庶之所取決也。師行而任老成人。吉无咎矣。律。常也。法也。否。不也。臧。善也。凡行師

守常經者吉。不善則凶也。在師中王三錫命者。師出有
功。賞以勵之也。輿尸者。虞翻曰。「尸在輿上也。」
戰必有死。載之以車。國殤不可棄也。先儒多不用虞
説。而訓以衆主。然不可以解弟子輿尸也。愚故不取。
左次。退舍也。師有時而敗。蹔避敵鋭也。長子帥
師。弟子輿尸者。簡別壯弱。以定行留。重整軍容也。
宋衷曰。「敗績死亡。輿尸而還。故曰弟子輿尸也。」
當處師之時。可以從獵。以講武事。故曰田有禽。凡出
師必有詞借爲敵罪。故曰利執言。郭京謂一本作利執
之。似非也。大君。天子也。功成還師。分土錫爵。功

大開國爲諸侯。功小承家爲卿大夫。故曰開國承家也。小人。民萌也。小人勿用者。謂開國承家之事。非民萌所得與聞也。民萌雖有參戰之功。酬以財賄而已。不得受茅土之封。貴賤之界。古人所嚴。不敢稍混。勢本如是。无足怪也。世儒或不明古今勢異。是以不解小人何以不得與賞功之典。而曲爲之説。以爲「小人平時易致驕盈。況挾功乎。」然則小人勿用。遂沒其功乎。何其誤也。

此卦寫古代行師勝負之事。

䷆ 坤下坎上

比。吉。原筮。元永貞。无咎。不寧方來。後夫凶。初六。有孚比之。无咎。有孚盈缶。終來有他吉。六二。比之自內。貞吉。六三。比之匪人。六四。外比之。貞吉。九五。顯比。王用三驅。失前禽。邑人不誡。吉。上六。比之无首。凶。

比。親輔也。　子夏傳曰。「凶者生乎乖爭。今既親比。故云比吉也。」原。本也。筮。擇也。元。衆善之長也。貞。固也。君子周而不比。是比非盡善。今能擇善而固執之。是以比而无咎也。　考工記。祭侯之辭曰。惟若寧侯。毋或若女不寧侯不屬于王所。此不寧之義。正與之同。方。猶國也。不寧方來者。言不屬之國亦來也。後夫凶者。後至者受誅。若夏后之于防風也。人之和同。以信義爲本。故曰有孚比之无咎也。缶汲器也。信義既著。若水盈於缶。則雖異域他人。亦將有來比者矣。比之自内。内。自省也。比之匪人。暱非其人也。外比之。見賢思齊也。或曰。比之自内。泯親附也。比之匪人。小人進也。外比之。萬國來同也。王肅本。比之匪人下有凶字。理或然也。顯。昭著也。顯比者。廓然大公。非私暱也。王者習兵于蒐狩。驅之言阹也。所以遮禽獸。三驅者。獨開前面。不合圍。

不欲縱殺以絕禽也。此蓋狩獵時代之遺俗也。誡讀爲駴。田獵所至。非有戰禍。故邑人亦不駭也。　比之无首者。雖相親暱。而乏出衆之才以爲領率。則此群終將渙散。故爲凶也。與乾卦同辭而不同事。故吉凶異。

此卦述古代群族相與聯合之事。

䷈ 乾下巽上

小畜。亨。密雲不雨。自我西郊。初九。復自道。何其咎。吉。九二。牽復。吉。九三。輿說輻。夫妻反目。六四。有孚。血去惕出。无咎。九五。有孚攣如。富以其鄰。上九。既雨既處。尚德載婦。貞厲。月幾望。君子征凶。

畜。積也。養也。小畜者。畜之少也。陰雲四合。雷雨將至。及其未降。自塗而復。謂中道而反也。與其冒進而霑濡也。毋寧其返矣。人雖或咎之。終无所害。故曰何其咎吉也。何。負也。任也。牽。引也。牽復者。引之使復也。輻。說文作輹。伏兎也。輿下縛木。與軸相連。鉤心之木也。輿脫輹則不行矣。反目爲眅。眼多白也。此欲行而彼脫其輹。故反目也。

血。馬云。當作恤。憂也。惕。懼也。出而懷憂懼之心。必預戒備矣。故无咎也。攣。依也。以。與也。富以其鄰者。所畜漸積。兼惠其鄰也。既雨既處者。雨而處室。幸其不出也。德。得也。尚德載婦者。與既駕而夫妻睦也。幾。近也。月近望者。雨之久也。久雨而出征。小人所慣。君子遭之。不免疑懼。故謂之凶也。

此卦述出行遇雨之事。雷雨時作。流潦縱橫。舟車之利未興。行旅有飢寒之患。故古人重之。

䷉ 兌下乾上

履。履虎尾。不咥人。亨。初九。素履。往无咎。九二。履道坦坦。幽人貞吉。六三。眇能視。跛能履。履虎尾。咥人凶。武人爲于大君。九四。履虎尾。愬愬終吉。九五。夬履。貞厲。上九。視履考祥。其旋。元吉。

履。踐行也。躡迹追踪曰尾。咥。齕也。上世禽獸逼人。故以履虎尾爲戒。而以不咥人爲亨。素。故也。舊也。素履者。舊所經履。塗徑習熟。雖往无咎也。坦坦。寬平也。幽人。舊有二解。一訓幽繫。一訓幽隱。實則先民俘人爲奴。使操役于巖穴。若傅説之版築。是幽繫之與幽隱一也。今不役于巖穴崎嶇之地。而踐履坦道。故曰吉也。 李氏集解。兩能字皆作而。是也。眇不能視而強視。跛不能履而強履。必有被咥之凶。顧亭林曰。「武人爲于大君。非武人爲大君也。如書予欲宣力四方汝爲之爲。」武人之責。在保國禦侮。雖其才智或不能勝其任。必竭其力不敢退避。幸而獲濟。國之福也。不濟則以死繼之。若眇視跛履。在常人則爲凶。然非武人所能借口也。見危授命。不知其他。斯不愧爲武人矣。故大傳以爲志剛。所以美之。非斥之矣。先儒以爲「陵武加人。欲爲大君。」或又以爲「武暴居上。肆其躁率。」「如秦政項籍。豈能久也。」皆不明爲字之義。誤解易旨耳。愬愬。虩懼也。夬。決斷也。夬履者。斷然行之也。未知所行禍福如何。故曰貞厲。言其危也。考。成也。祥。吉也。旋。反也。審視所履。周詳審固。此所以能成其祥也。安然而反。故曰元吉。

出行遇虎。古所常有之事也。

此卦以愼其所履爲戒。而禮之所由興邪。

䷊ 乾下坤上

泰。小往大來。吉。亨。初九。拔茅、茹。以其彙。征吉。九二。包荒。用馮河。不遐遺朋亡。得尙于中行。九三。无平不陂。无往不復。艱貞。无咎。勿恤其孚。于食有福。六四。翩翩。不富以其鄰。不戒以孚。六五。帝乙歸妹。以祉。元吉。上六。城復于隍。勿用師。自邑告命。貞吝。

泰。通也。小往大來。猶言陰消陽長耳。易象喜用代字。變陰陽而爲小大。其義一也。茹。牽引也。彙。類也。拔茅者牽引以及其類也。征。行也。拔茅茹以其彙征吉者。群志大通。攜手同行。君子道長之象。故云吉也。象傳斷拔茅二字爲讀。先儒或以茹字屬上者非也。荒。說文作巟。水廣也。馮。涉也。遐。遠也。朋。衆也。亡。同忘。中行。中道也。上世洪水爲患。人類之交通往來。惟恃馮涉。久久疏隔。易致遺忘。故戒之不遺忘衆也。如是乃可維繫其中道而不阻矣。无平不陂。无往不復。謂地圓也。近觀則平。遠測則曲。故曰无平不陂也。直指東西。歸于故處。故曰无往不復也。道途四達。極于寰區。泰之象也。而先民襤褸之功勤矣。故曰艱貞无咎矣。恤。憂也。孚。同俘。福。備也。驅使其俘。使平治道途。雖不恤之。亦備其食。上世虐用民力。蓋如此夫。翩翩。自喜之貌。交通既便。財貨流行。故曰不富以其鄰。戒者。召客之詞。今以俘治道。故不戒也。帝乙。紂父也。歸妹事史所不詳。或說。帝乙。成湯也。解在歸妹卦。虞翻曰。「隍。城下溝。无水稱隍。有水稱池。」復。傾覆也。

城復于隍者。夷塞城隍。不以險自守。故師旅勿用。專恃文告通上下之情。世非大同。鮮不僨敗。故曰貞吝。人主所居曰邑。夏邑商邑洛邑是也。自邑告命者。王者之命。自京師行之四方。通泰之象也。

此卦述交通往來之便。而極之于大同也。

䷋ 坤下乾上

否。否之匪人。不利君子貞。大往小來。初六。拔茅、茹。以其彙。貞吉。亨。六二。包承。小人吉。大人否亨。六三。包羞。九四。有命。无咎。疇離祉。九五。休否。大人吉。其亡其亡。繫于苞桑。上九。傾否。先否後喜。

否。閉塞也。匪人。非其人也。交通阻塞。大道不行。皆由在位者非其人。故曰否之匪人也。君子在位。小人在野。事之至順也。今所謂非其人者。則君子失位。小人恣橫也。苟君子自貶損而與小人和同。亦未嘗不可委蛇于亂世。惟貞正之君子。不甘爲此。故曰不利也。大往小來。猶言陽消陰長。否之象也。

拔茅茹以其彙。

解在泰卦。彼爲君子。故曰征吉。此爲小人。故曰貞吉亨。以小人多不正。惟正者乃吉。以與泰卦別也。朱升謂「承借爲脀。特牲也。」君子處閉塞之時。方以儉德避難。豈肯受特牲之亨。故曰小人吉大人否亨也。朱升又謂「羞。膳也。腥胾膾炙醢醬之屬。」斯皆日食所不可闕。无間君子小人。故不別其吉否也。　有命。有君命也。疇、類。離、麗。祉、福也。休。息也。否隔之至。聊求其息。小人方張。豈肯遽休。故惟大人吉也。苞桑。桑柔之方苞芽者。與詩苞杞同。弱枝而繫重物。危之至也。兩言其亡者。重嘆之也。世事至此。尚何言哉。喜借爲嬉。困難也。舊解爲喜悅。非。

此卦述小人得勢。世道否塞之事。

䷌ 離下乾上

同人。同人于野。亨。利涉大川。利君子貞。初九。同人于門。无咎。六二。同人于宗。吝。九三。伏戎于莽。升其高陵。三歲不興。九四。乘其墉。弗克攻。吉。九五。同人先號咷而後笑。大師克相遇。上九。同人于郊。无悔。

同。通也。聲氣應求。萬衆和同。是謂同人。以此適野則亨通。入水則不溺。故曰于野亨、利涉大川也。然亦僅利貞正之君子。非小人所得假借也。同人于門者。賓于四門。四門穆穆也。同人于宗者。以親九族。九族既睦也。此族之盛。別族之所忌也。故召伏莽之患。莽。

衆草也。寇所伏匿之地也。升陵。避寇也。守之三年而寇不興矣。墉。城也。乘城而寇不能克也。終遇解救。先號後笑。同心之效也。同人于郊。居外无應也。此卦言收族禦侮之事。

䷍ 乾下離上

大有。元亨。初九。无交害。匪咎。艱則无咎。九二。大車以載。有攸往。无咎。九三。公用亨于天子。小人弗克。九四。匪其彭。无咎。六五。厥孚交如。威如。吉。上九。自天祐之。吉无不利。

大有者。有之多也。豐稔而多穫。交相无害。稼穡維艱。乃无咎也。大車以載。農氓歸也。公用亨于天子。歲獻新也。小人弗克。氓弗敢私也。上古班田。以供粢盛。民出其力。上食其貢。貴賤之差異也。匪。非也。彭。子夏作旁。盛也。雖不盛收。亦无咎也。威如者。威夷逶迤也。歲收豐歉。雖賴勤苦。尤恃天祐。故曰自天祐之吉无不利也。此耕農時代之占也。

䷎ 艮下坤上

謙。亨。君子有終。初六。謙謙君子。用涉大川。吉。六二。鳴謙。貞吉。九三。勞謙。君子有終。吉。六四。无不利。撝謙。六五。不富以其鄰。利用侵伐。无不利。上六。鳴謙。利用行師。征邑國。

謙。不足也。自視歉然也。正義曰。「屈躬下物。以此待物。則所在皆通。故曰亨也。小人行謙。不能持久。唯君子能有終也。」重言謙謙者。謙之至也。有所不足。不敢不勉。雖阻大川。亦強涉矣。六二。鳴謙。以謙聞也。勞謙者。有功而能謙。尤可貴也。撝。裂也。分用其謙。故无不利也。嗛然不足。是不富也。何能兼惠其鄰哉。忮者或不諒而爭端啓。強者或乘虛而欺不競。至是則雖欲更謙退而不可得。漢文賜吳王几杖。而吳卒反。蓋類此。以其自卑約本无損于人。及用以征伐。則師直爲壯。无不利矣。上六。鳴謙。以謙自鳴也。以謙退不足自處。以成敵之驕。則士卒憤而可用矣。晉文遇得臣。退三舍是也。

此卦述謙退之足貴。

䷏ 坤下震上

豫。利建侯行師。初六。鳴豫。凶。六二。介于石。不終日。貞吉。六三。盱豫。悔。遲有悔。九四。由豫。大有得。勿疑。朋盍簪。六五。貞疾。恆不死。上六。冥豫。成有渝。无咎。

豫。和樂也。建侯。封建諸侯以爲屏藩也。行師。征不寧也。解在屯卦師卦。可合觀也。鳴豫者。不勝其樂。而以自鳴。凶之道也。介。說文作砎。磨砎也。以石自礱礪。樂不可極也。故謂之吉。盱。大也。豫樂之甚。必有悔也。遲有悔者。更成之以速改也。由。自也。盍。合也。簪。聚也。又速也。由和樂而能大有所得。且毫无疑沮者。惟友朋投合足以當之。他則无是也。貞疾恆不死者。貞者。久也。疾有急進緩進之別。急進者不旋踵而死。緩進者嬰疾雖久。每不致死。故云然也。此雖非甚禎祥之事。然亦未嘗不可以自豫悅也。冥。迷也。冥豫者。迷溺于樂也。如是。雖成亦將有變。

此卦述人豫悅之情。

䷐ 震下兌上

隨。元亨。利貞。无咎。初九。官有渝。貞吉。出門交有功。六二。係小子。失丈夫。六三。係丈夫。失小子。隨有求。得。利居貞。九四。隨有獲。貞凶。有孚在道。以明何咎。九五。孚于嘉。吉。上六。拘係之乃從維之。王用亨于西山。

隨。從也。從其後以追逐之也。官。館也。朝廷治事處也。从宀在𠂤上。館之于小阜也。今有渝變。將更施版築之功。故曰出門交有功也。功。工也。隨有獲者。

追戰有所俘也。追戰不必勝利。時久或轉致敗創。故曰凶也。或係或失者。有逃佚也。道。路也。有孚在道者。致俘也。何。任也。以明何咎者。歸罪于敗者也。孚于嘉吉者。獻俘美功。故曰吉也。既拘係又從維。謹其守勿使佚也。王用亨于西山者。賞有功也。

此卦述追敵獲俘之事。

䷑ 巽下艮上

蠱。元亨。利涉大川。先甲三日。後甲三日。初六。幹父之蠱有子。考无咎。厲。終吉。九二。幹母之蠱。不可貞。九三。幹父之蠱。小有悔。无大咎。六四。裕父之蠱。往見吝。六五。幹父之蠱。用譽。上九。不事王侯。高尚其事。

蠱。治也。事也。養也。王夫之謂「蠱之爲字。从蟲从皿。當伏羲之時。民用佃漁。未有粒食奉養于人者。以皿盛蟲而進之。毛、羽、鱗、介、昆。皆蠱也。故伏羲以此取義而謂之蠱。至後世粒食。民得所養。而食蠱或遇毒壞爛。故爲毒爲壞。非伏羲之本旨也。」臣事君。子事父。而天下治矣。故曰元亨也。求蠱致養者。非可安坐而得也。當須跋涉。故曰利涉大川。甲。始也。三代以前。計日以干。甲爲干之始。故以甲爲始。三日。日之積也。先甲三日者。戒其始也。後甲三日者。善其終也。程傳所解。大略如此。郭雍曰。「甲庚之說。自古失之。甚至于論及辛、丁。爲巫史之言。獨伊川先生最爲得也。」蠱。事也。幹亦事也。幹蠱者。事其事也。父不事事而子幹蠱。故曰考无咎也。厲。危也。此疑于改父之道。然改之而善。雖危終吉矣。幹蠱之子。雖有益于家。而不事事之父。顧未必喜也。故曰小有悔无大咎也。男女分業。故幹母之蠱不可貞也。貞謂久也。裕。寬也。寬裕則不能爭。父无爭。子將陷于不義。故往見吝也。幹父之蠱用譽者。孝經所謂立身行道。揚名于後世。以顯父母是也。蠱以養事父母爲主。故曰不事王侯高尚其事也。

此卦述奉養父母之義。

䷒ 兌下坤上

臨。元亨。利貞。至于八月有凶。初九。咸臨。貞吉。九二。咸臨。吉。无不利。六三。甘臨。无攸利。既憂之。无咎。六四。至臨。无咎。六五。知臨。大君之宜。吉。上六。敦臨吉。无咎。

臨。監臨也。朱子曰。「諸爻立象。今不可考。如說十年、三年、七日、八月等處。皆必有所指。但今不可穿

鑒。姑闕之可也。」咸。感也。以感情監臨下民。則

下民焉有不懷其德者哉。故曰貞吉。故曰吉无不利也。

甘。讀若甘而不固之甘。緩也。甘臨者。臨之緩也。至

臨者。至即臨焉。不預戒也。知臨者。以智臨之也。敦

如覆敦。地之高者也。敦臨者。居高臨下也。咸臨无

威。甘臨太緩。至臨太促。敦臨太亢。惟以智臨莅下民

者。聰明睿知。治理得宜。故曰大君之宜也。

此卦述臨莅下民之事。

䷓ 坤下巽上

觀。盥而不薦。有孚顒若。初六。童觀。小人无咎。君

子吝。六二。闚觀。利女貞。六三。觀我生進退。六四。觀國之光。利用賓于王。九五。觀我生。君子无咎。上九。觀其生。君子无咎。

觀。視也。馬融曰。「盥者。進爵灌地以降神也。此是祭祀盛時。國之大事。唯祀與戎。王道可觀在于祭祀。祭祀之盛。莫過初盥降神。故孔子曰。禘自既灌而往者。吾不欲觀之矣。」儀禮疏引鄭注。盥而不薦。爲諸侯卿大夫賓士之禮。馬鄭異義。夫祭祀先民所重。彖象皆有設教之語。則馬解勝于鄭也。孚。信也。顒。敬也。君子以祭祀行禮。示民敬信也。童觀者。兒童之見。不能遠矚。小人愚賤。人且諒之。君子得之。則可羞矣。闚。竊視也。妾婦之道也。六三。觀我生進退者。自省也。生兼生性、生養二義。下同。光。廣也。觀國之廣大。思勤勞于王事也。謂之爲賓者。先儒謂有不純臣之義焉。九五。觀我生君子无咎者。民所具瞻。不敢暇逸也。觀其生者。察民志也。能察民志而无輕忽之心。君子何咎矣。觀有二義。一。觀察。二。觀示。此卦兼之。

䷔ 震下離上

噬嗑。亨。利用獄。初九。屨校。滅趾。无咎。六二。

噬膚。滅鼻。无咎。六三。噬腊肉。遇毒。小吝。无咎。九四。噬乾胏。得金矢。利艱貞。吉。六五。噬乾肉。得黃金。貞厲。无咎。上九。何校。滅耳。凶。

噬。嚙也。嗑。合也。獄。圜土也。人之入獄。若被噬嚙然。屨校。貫械也。著于脛。掩其趾。故曰滅趾。大胾无骨曰膚。滅鼻者。捧噬掩鼻而不見。雖貪食无狀。非大惡。故曰无咎。腊。乾肉也。日以晞之。遇毒者。乾肉日久。則敗不可食。不知而噬之。則遇毒矣。肉有骨謂之胏。一曰脯也。金矢以金爲鏃也。王肅曰。「金矢所以獲野禽。故食之反得金矢。」黃金。銅也。

上世之人。最初用石。進而用銅。更進而用鐵。此用銅時人語也。噬膚噬胏。无一而非肉食。又知其爲狩獵種族語也。何。負也。何校。項械也。掩其耳。故曰滅耳。噬嗑本義爲囓食。而滅趾滅耳。有類被噬。故于一卦之中而兼及之。

䷕ 離下艮上

賁。亨。小利有攸往。初九。賁其趾。舍車而徒。六二。賁其須。九三。賁如濡如。永貞吉。六四。賁如皤如。白馬翰如。匪寇。婚媾。六五。賁于丘園。束帛戔戔。吝。終吉。上九。白賁。无咎。

賁。文飾也。小利。郭京謂本作不利。理或然也。賁趾賁須者。先民每殘刻肢膚以爲莊飾。自矜神異。若彫題黥面文身。今世未開化諸族猶爾。此飾趾飾須。雖未能審其何意。然大概不外是已。豈飾趾所以利行。故舍車而徒邪。皤。白也。白馬。潔其馬也。翰。安也。既自文飾。又飾其馬。安行徘徊。蓋以都麗眩婦求婚者。此亦古俗。較買婦又異矣。賁于丘園。飾所居也。束帛。聘幣之禮也。戔戔。委積貌。或曰殘殘。毀也。求婦致聘。乃此戔戔。未免羞吝。婚苟克成。是終吉也。

此卦述賁飾之事。先民美術思想肇于此矣。

䷖ 坤下艮上

剝。不利有攸往。初六。剝牀以足。蔑。貞凶。六二。剝牀以辨。蔑。貞凶。六三。剝之无咎。六四。剝牀以膚。凶。六五。貫魚以宮人寵。无不利。上九。碩果不食。君子得輿。小人剝廬。

剝。脫落也。牀。人所安臥也。辨。踹膝耑也。或曰胖。脅肉也。以。及也。牀剝而及人。害寖切矣。蔑。滅也。一字爲句。舊讀蔑貞爲句。誤。貫魚以宮人寵。所未詳也。碩。大也。剝果而遺其大者。幸而存也。得輿者。可以駕而行也。剝廬者。勢將露處也。大難之餘。幸有子遺。君子遠引。小人奈何。剝落之害。至此而極矣。

此卦述剝喪之事。

䷗ 震下坤上

復。亨。出入无疾。朋來无咎。反復其道。七日來復。利有攸往。初九。不遠復。无祗悔。元吉。六二。休復。吉。六三。頻復。厲。无咎。六四。中行獨復。六五。敦復。无悔。上六。迷復。凶。有災眚。用行師。終有大敗。以其國君凶。至于十年不克征。

復。反也。舊說七日來復。言人人殊。以王引之說爲簡明。略謂「計日日之數。極于三十。半之爲十五。故稱日者。少則曰三。蠱與巽是也。多則曰七。復震既濟是也。皆謂人事有遲速。非卦氣有遲速也。」卦氣之說。愚所不詳。復卦以天行而明人事。出入无疾。謂天行也。朋來无咎。謂人事也。皆反復其道而无差忒。雖反復之期。久暫不一。權其率較。亦不過七日。故曰七日來復也。天行有常。无遲速凌躐。故曰出入无疾。速也。旅行于外。終歸于里。故曰朋來无咎。朋。衆也。不遠者。行未遠也。祇。侯果曰。「大也。」

休。息也。頻。數也。中行。正道也。獨者。不徇衆也。敦。高土也。迷復者。行迷既遠。雖復而有凶也。師出无名。終致大敗。君受其咎。民受其殃。至于十年。言其久而不能復征也。世之黷武之國。可不戒哉。

此卦推天行反復之理。以論人事而辨其吉凶也。

䷘ 震下乾上

无妄。元亨利貞。其匪正有眚。不利有攸往。初九。无妄。往吉。六二。不耕穫。不菑畬。則利有攸往。六三。无妄之災。或繫之牛。行人之得。邑人之災。九四。可貞。无咎。九五。无妄之疾。勿藥有喜。上九。

无妄。行有眚。无攸利。

无妄者。誠實也。實理自然。不敢虛妄也。馬、鄭讀妄爲望。謂无所希望而能得。非情理能有也。虞翻曰。「一歲曰菑。二歲曰畬。」不耕而求穫。不菑而求畬。此上世生民初粒。野多自生之穀。不待勞于畎畝而自足食。故作此想。其後人口滋繁。生計日迫。此事不復見于世。此无妄之所以戒也。禮記坊記引此。下有凶字。是也。世本脱耳。

朱子曰。「无妄之災。无故而有災也。如行人牽牛以去。而居者反遭詰捕之擾。」是其例也。无妄之疾。无故而有疾也。然疾未有无故而至者。

惟其來也隱微倏忽。非人所易察。故每疑其无故也。身既嬰疾。治之需藥。今日勿藥有喜。非虛妄則偶幸耳。故以爲戒。

此卦戒非分之想。

䷙ 乾下艮上

大畜。利貞。不家食吉。利涉大川。初九。有厲。利已。九二。輿說輹。九三。良馬逐。利艱貞。日閑輿衛。利有攸往。六四。童牛之牿。元吉。六五。豶豕之牙。吉。上九。何天之衢。亨。

大畜。畜之大也。不家食者。所畜既多。養贍者衆。不僅家人受其食。富而好施。故曰吉也。輿脱輹。解在小畜卦。曰閑輿衛。鄭玄、虞翻、陸希聲本皆作曰閑輿衛。朱子亦謂應作日。今從之。良馬逐者。從獵也。閑。嫻習也。輿衛者。以兵車爲營衛也。童牛者。幼牛也。其角初生。即著以横木。所謂楅衡。預止其觸人也。爾雅釋獸。豕子、豬。豶、豮。幺、幼。是豶者小豕也。正與童牛爲類。牙。鄭讀爲互。周官牛人。凡祭祀供其牛牲之互。鄭司農云。互爲楅衡之屬。與童牛之牿。正屬一類。先儒解此多異説。皆不足信也。何。擔負也。衢者。九交之道。天有九行。是謂天衢。負天之衢者。猶莊子所謂負雲氣背青天也。程傳曰。亨。通。曠闊无有蔽阻也。

䷚ 震下艮上

頤。貞吉。觀頤。自求口實。初九。舍爾靈龜。觀我朵頤。凶。六二。顚頤。拂經于丘頤。征凶。六三。拂頤。貞凶。十年勿用。无攸利。六四。顚頤。吉。虎視耽耽。其欲逐逐。无咎。六五。拂經。居貞吉。不可涉大川。上九。由頤。厲吉。利涉大川。

頤。養也。口實。頤中物也。食則頤動。故觀于頤而知自養之要。靈龜。古用以卜者。朵頤。饌之豐也。

古人一舉止咸問于龜。今日舍爾靈龜觀我朶頤者。養生本重于問卜。而古人則以爲凶也。 顚讀爲顚實之顚。塡也。拂。戾也。經。常也。食盈于口。貪饞之象。違常經矣。貪食之極。其暴如虎。故以耽耽逐逐肖其狀也。耽耽。視專注也。逐逐。貪暴也。

䷛ 巽下兌上

大過。棟橈。利有攸往。亨。初六。藉用白茅。无咎。九二。枯楊生稊。老夫得其女妻。无不利。九三。棟橈。凶。九四。棟隆。吉。有它咎。九五。枯楊生華。老婦得其士夫。无咎无譽。上六。過涉滅頂。凶。无咎。

過。差也。失也。大過者。失之大也。卦辭爻辭所舉。皆差忒之事。王氏注謂爲相過、過越。恐非易旨。

棟。屋穩也。橈。曲也。隆。高也。棟橈則屋有傾覆之患。故以爲凶。棟隆則屋有崇高之勢。故以爲吉。然過隆亦非屋之常範。故曰有它吝。藉。薦也。白茅。取其柔潔。可以薦物。不致傾覆也。稊。應作蕛。蕛荑。楊之秀也。虞翻曰。「稊。稺也。楊葉未舒稱稊。」男女老少。年不相當。婚姻失正也。劫奪鬻買之時。殆所不免。然在上世。習焉不以爲異。故曰无不利、无咎、无譽。至作易之時。固已知爲大過。思有以防止之。此制禮者之先幾也。過涉者。誤涉也。上世舟楫杠梁多不具。凡遇川流。每用徒涉。不幸誤深而爲淺。則有滅頂之憂。故曰凶也。

此卦雜舉諸事。皆有差忒。故曰大過。

䷜ 坎下坎上

習坎（坎）。有孚。維心亨。行有尚。初六。習坎。入于坎窞。凶。九二。坎有險。求小得。六三。來之坎坎。險且枕。入于坎窞。勿用。六四。樽酒。簋貳。用缶。納約自牖。終无咎。九五。坎不盈。祇既平。无咎。上六。係用徽纆。寘于叢棘。三歲不得。凶。

習坎。重險也。郭京謂習坎上更有坎字。未必然也。秉其誠信。涉歷重險。亦得亨通。以此而行。人所尊尚也。窞。坎中小坎也。求小得者。非大援不足恃也。枕借爲沈。深也。上世原野。往往多坎陷。或天成。或人所爲。皆足以陷人。先民之所愼也。樽以盛酒。簋以食黍稷。貳。益也。缶。陶器也。不用鑄金刻木。而以陶器爲之者。儉也。約者。簡也。納肴自牖不自户。簡之至也。坎不盈者。缺陷猶未補也。祗既平者。丘垤已夷也。祇。鄭云「當爲坻。小丘也。」釋文。音支。

與坻異部。故王引之以鄭爲誤。然衹與坻形極近。經典每相混。安知非釋文誤音邪。以義考之。鄭說爲長。故從之。徽纆。係囚之索也。叢棘。植以困囚者。古者置囚于坎而周以棘也。三歲。言久也。不得。言不得釋也。

此卦述上世重險陷人之事。

䷝ 離下 離下

離。利貞。亨。畜牝牛吉。初九。履錯然。敬之。无咎。六二。黃離。元吉。九三。日昃之離。不鼓缶而歌。則大耋之嗟。凶。九四。突如其來如。焚如。死如。棄如。六五。出涕沱若。戚嗟若。吉。上九。王用出征。有嘉。折首。獲匪其醜。无咎。

離。麗也。履錯然者。人迹紛錯也。黃離。鸝也。日昃之離者。日麗乎天。過中則昃。盛時不久也。不鼓缶而歌則大耋之嗟者。今者不樂。逝者其耋。忽焉老至。故曰凶也。

突。說文作㐬。子倒生也。凡子皆倒生。非不孝之謂也。上世產育之理未明。每不舉其首子。蓋有驚疑之心焉。焚而棄之。古之俗也。若后稷、孫叔敖。是其顯例。然父母之心。或有所不忍。雪涕而收之。亦人情也。牛羊不踐。猛虎來乳。殆父母之托辭。

以說于其族人邪。世運漸進。舊俗流傳。漸失其原始之義。輒以後世道德相準繩。以爲人子而見棄于父母。必其子之不孝也。遂造爲焚如之刑之說。若周禮、說文所載。未免近于附會。先儒又轉引之解易。不亦愈去而愈遠哉。　有嘉者。嘆美其功之詞。折首者。罪人斯得也。醜。類也。

此卦雜陳多義。未詳所主。

周易詁辭卷二

周易下經

䷞ 艮下兌上

咸。亨。利貞。取女吉。初六。咸其拇。六二。咸其腓。凶。居吉。九三。咸其股。執其隨。往吝。九四。貞吉。悔亡。憧憧往來。朋從爾思。九五。咸其脢。无悔。上六。咸其輔頰舌。

咸。交感也。聲氣交感。所以亨通。感應之道。必須以正。故曰利貞。男女婚姻。重在情感。故取女吉也。

拇。捋指也。感緣于觸。故以指爲始。先儒以爲足大指。謂感起于下。非也。腓。脛腨也。脢。背肉也。
脛。股之職在于行動。然隨感而作。不主于心。未免輕
躁。故曰凶吝。而以居爲吉也。背肉之感最鈍。故以爲
无悔。虞翻曰。「憧憧。懷思慮也。」朋從。衆隨也。
感接于外。思生于內。起伏紛錯。莫可端倪。能正而
固。則吉而悔亡矣。有思而後有言。此口舌之用也。
此卦述感覺而推及思想語言。皆人心理所顯現也。

䷟ 巽下震上

恒。亨。无咎。利貞。利有攸往。初六。浚恒。貞凶。
无攸利。九二。悔亡。九三。不恒其德。或承之羞。貞

吝。九四。田无禽。六五。恆其德。貞婦人吉。夫子凶。上六。振恆。凶。

恆。久常也。久居其所而不遷也。浚。深也。深濬畎澮。耕稼之始。事本貞正而謂之凶者。農功方興。游獵之族所不習慣。故以爲凶也。德。得也。羞。膳也。上世男子漁佃。婦人耕牧。田有時而无禽。惟有賴乎庶膳。故曰不恆其德或承之羞也。耕牧可常恃。故曰恆其德。然男子以漁佃自喜。不甘于耕牧。況舊俗難移。耕牧雖興。惟責諸婦人。故曰婦人吉夫子凶也。振。救也。田无禽而有待于振。故曰凶也。振飢恤鄰。世道益進矣。

此卦述男獵女耕分業之事。咸卦述男女之情。恆卦述男女之業。故序卦傳以咸恆爲有夫婦之道。以此故也。

䷠ 艮下乾上

遯。亨。小利貞。初六。遯尾。厲。勿用有攸往。六二。執之用黃牛之革。莫之勝說。九三。係遯。有疾。厲。畜臣妾。吉。九四。好遯。君子吉。小人否。九五。嘉遯。貞吉。上九。肥遯。无不利。

遯。遷逃也。　蹯迹追蹤曰尾。厲。危也。逃遯而有尾追者。危事也。執。縶縻也。黃牛之革。言其堅也。

勝。能也。說。脫解也。係拘逃人而今有疾。是危事也。以之畜臣妾。已近虐矣。而古人不恤也。故以爲吉。好、嘉。皆美詞也。事會所趣。潔身遠引。若泰伯、虞仲所爲者。然非臣妾所得效也。故曰君子吉小人否。肥。唐以前人引易皆作飛。高舉入冥。无所拘礙。王弼曰。「矰繳不能及。」是以肥遯无不利也。

此卦述臣妾逃亡之事。

䷡ 乾下震上

大壯。利貞。初九。壯于趾。征凶。有孚。九二。貞吉。九三。小人用壯。君子用罔。貞厲。羝羊觸藩。羸其角。九四。貞吉。悔亡。藩決不羸。壯于大輿之輹。六五。喪羊于易。无悔。上六。羝羊觸藩。不能退。不能遂。无攸利。艱則吉。

壯。傷也。大壯。傷之大也。此虞義也。侯果則以剛大長壯爲說。與此不同也。傷于趾不能行。故以征則凶。小人用壯者。壯借爲戕。說文。戕。槍也。田禽者。用戈矢則禽必傷。用網罟則禽可生獲。然網罟非民萌所克備。故曰君子用罔小人用壯也。正義以罔爲罔羅。是也。羝羊。羖羊也。藩。藩籬也。羸。拘壘纏繞也。決。斷缺也。藩籬失用。羊則逸矣。大輿橫要而羊創傷。故曰壯于大輿之輹也。喪。失也。易。壇場也。多歧亡羊。故終失之也。遂。繼事而終成之也。進退不能。艱虞之甚也。

此卦述獵獸及畜牧之事。

䷢ 坤下離上

晉。康侯用錫馬蕃庶。晝日三接。初六。晉如摧如。貞吉。罔孚。裕无咎。六二。晉如愁如。貞吉。受茲介福于其王母。六三。衆允。悔亡。九四。晉如鼫鼠。貞厲。六五。悔亡。失得勿恤。往吉。无不利。上九。晉其角。維用伐邑。厲吉。无咎。貞吝。

晉。進也。康侯。猶寧侯也。蕃。息也。庶。衆也。三接。三享也。何氏曰。「摧。退也。」王弼曰。「進明退順。不失其正。故曰貞吉也。」罔孚。不信也。裕。寬也。司馬溫公曰。「初進者。德業未著。人莫之信。躁以求之則凶。寬以待之則无咎。」虞翻曰。「介。大也。」王母。大母也。上世女權昌盛。故大母爲一族之主。登進之士。始雖愁如。但能守正。終受大福于大母。故爲吉也。允。信也。衆人所信。則與罔孚之情迥異矣。故悔亡也。鼫鼠。先儒所謂有五能而不成技之蟲也。進者如鼫。是德不當位。尸素貽譏。殆所難免。危孰甚焉。

此卦述登進人才之事。六五以下。所不詳也。

䷣ 離下坤上

明夷。利艱貞。初九。明夷于飛。垂其翼。君子于行。三日不食。有攸往。主人有言。六二。明夷。夷于左股。用拯馬壯吉。九三。明夷于南狩。得其大首。不可疾貞。六四。入于左腹。獲明夷之心。于出門庭。六五。箕子之明夷。利貞。上六。不明晦。初登于天。後入于地。

夷。傷也。明夷者。明見傷也。光明既晦。人事艱貞。

飛鳥亦垂翼歸其巢矣。而旅人猶未得所主。是以无所得食。三日。言久也。嚮晦投止。人心所疑。故主人有言也。主人。解在坤卦。

夷于左股。傷在左股也。拯。說文作抍。上舉也。俞樾云。「大首。大道也。」疾速也。我國民族來自西北。故向南狩獵。且周之立國在商西北。故云南狩也。天色既暗。乃始南狩。將有迷途之虞。今能得大道。尚何憂乎。然亦宜審愼。故又曰不可疾貞也。入于左腹。傷在內也。

馬融曰。「箕子。紂之諸父。明于天道洪範九疇。德可以王。知紂之惡。无可奈何。同姓恩深。不忍棄去。被髮佯狂。以明爲暗。故曰箕子之明夷。」王弼曰。「暗不能沒。明不可息。正不憂危。故利貞也。」漢趙賓訓箕子爲荄滋。祇以文王演易。不宜豫及箕子。遂強爲之說。不知劉向稱爲今易。明非古本。且象傳並舉文王。則此箕子自爲紂諸父无疑。而後儒好奇。尚從而紛紛之何也。　天地間至明者。莫若日月。明則登于天。晦則入于地。以日月之明。有時而晦。明夷之義可思矣。

此卦述遭時晦。人事艱貞之事。

䷤ 離下巽上

家人。利女貞。初九。閑有家。悔亡。六二。无攸遂。

在中饋。貞吉。九三。家人嗃嗃。悔厲。吉。婦子嘻嘻。終吝。六四。富家。大吉。九五。王假有家。勿恤。吉。上九。有孚。威如。終吉。

家人。一家之人也。有夫有婦。然後爲家。游獵之世。遷徙无常。家人之制。未確定也。農稼既興。婦女司其事。既有定居。家道乃漸立。故家制之成。由乎女貞。試觀上古諸姓。皆由女生。此女權先于男權之徵也。閑。闌也。外以遮虎狼敵寇之侵。內以防芻豢童奴之逸。先儒以爲防黷亂。過矣。饋。酒食也。男子弋獵。歸以授婦人。使烹治之。故中饋者。婦人之職。男子所不暇也。嗃嗃。嚴也。嘻嘻。悦而笑也。嚴肅雖失之威猛。而足以齊家。嘻笑失節。終致恨辱。富。備也。家人日用治生之具。求其備也。假。大也。王者宜寬假其家人也。威。嚴也。恩不可過。故濟之以威嚴。乃終吉也。有孚者。信賞必罰也。威嚴。男子之事。此蓋女權將退。男權漸張時人之語也。

此卦述家道初立及其昌盛之事。

䷥ 兌下離上

睽。小事吉。初九。悔亡。喪馬。勿逐自復。見惡人。无咎。九二。遇主于巷。无咎。六三。見輿曳。其牛掣。其人天且劓。无初有終。九四。睽孤。遇元夫。交孚。厲无咎。六五。悔亡。厥宗噬膚。往何咎。上九。睽孤。見豕負塗。載鬼一車。先張之弧。後說之弧。匪寇。婚媾。往遇雨則吉。

睽。乖異也。喪馬勿逐而自復者。馬性善憶。不忘故處也。巷。道也。旅行于外而得遇所主。是无咎矣。主謂寓居之主人。非君主之主。解在坤卦。惡人。醜人也。掣。說文作觢。一角仰也。黥額爲天。割鼻爲劓。皆形惡也。睽孤。乖獨也。豕負塗。鬼一車。皆惡物也。先張弧。疑爲寇也。後脫弧。知婚媾也。鬼爲惡物。如後世所謂木客山魈之類。亦即今世所謂猩猩狒狒。奇形異狀之獸而已。非後世所謂人死所歸之鬼也。人死所歸。无形无質。何能載之一車邪。且魂魄之説。虛无玄妙。有非先民之所能解者。先民震驚惡獸。呼之爲鬼。不知其所自來。輒以爲人所化。寖假知其不然。則又移爲人死所歸之稱。此乃後起之義。未可以此解易也。或乃轉以易之此語。證世有鬼。毋乃傎歟。

䷦ 艮下坎上

蹇。利西南。不利東北。利見大人。貞吉。初六。往蹇。來譽。六二。王臣蹇蹇。匪躬之故。九三。往蹇。

來反。六四。往蹇。來連。九五。大蹇。朋來。上六。往蹇。來碩。吉。利見大人。

蹇。行之難也。臣。奴虜也。蹇蹇。難之甚也。上世王者驅使臣虜。以赴艱苦。无有休息。不遑自恤。故曰蹇蹇匪躬也。譽。轝也。連。輦也。跛而往。車而來也。朋。衆也。反、碩。未詳。

䷧ 坎下震上

解。利西南。无所往。其來復吉。有攸往。夙吉。初六。无咎。九二。田獲三狐。得黃矢。貞吉。六三。負且乘。致寇至。貞吝。九四。解而拇。朋至斯孚。六

五。君子維有解。吉。有孚于小人。上六。公用射隼于
高墉之上。獲之无不利。
解。緩也。獲狐射隼。弧矢之利著矣。黃矢。金矢也。
金。黃銅也。已非石鏃時之陋矣。負且乘者。所齎之物
多也。致寇至者。露財遭劫奪也。慢藏誨盜。繫辭傳備
矣。又謂小人而乘君子之器。則又別明一義者也。

䷨ 兌下艮上

損。有孚。元吉。无咎。可貞。利有攸往。曷之用。二
簋可用享。初九。已事遄往。无咎。酌損之。九二。利
貞。征凶。弗損。益之。六三。三人行則損一人。一人

行則得其友。六四。損其疾。使遄有喜。无咎。六五。或益之十朋之龜。弗克違。元吉。上九。弗損益之。无咎。貞吉。利有攸往。得臣无家。

損。簡省也。簡省近慢。故須有誠信之孚。乃元吉也。二簋之享。簡之至也。王弼曰。「曷。辭也。」曷之用。言何以豐爲也。釋文。「已事音以。」惠士奇曰。「大戴禮。不習爲吏。而視已事。謂已行之事。」即前事也。先儒或訓爲「事已。」或訓爲「祀事。」皆非也。斟酌前事而速行之。則无咎也。三人。衆也。衆謀易紛。則損之以就一人。一人近孤。易陷專輒。又宜求其友也。此皆就人事言之。已足以明其義。而先儒多指爻位升降爲說。恐非易旨。損其疾使遄有喜者。疾以速減爲喜也。朱子曰。「兩龜爲朋。十朋之龜。大寶也。」古者貨貝而寶龜。故以十朋之龜爲餽厚惠也。得臣无家者。獲无主之奴虜也。九二弗損益之。不克復損。轉增費也。上九弗損益之。未受損失。轉獲益之。詞雖相同。其義則二。故一凶而一吉也。

此卦述簡省之道。

䷩ 震下巽上

益。利有攸往。利涉大川。初九。利用爲大作。元吉。

无咎。六二。或益之十朋之龜。弗克違。永貞吉。王用享于帝吉。六三。益之用凶事。无咎。有孚中行。告公用圭。六四。中行。告公從。利用爲依遷國。九五。有孚惠心。勿問。元吉。有孚惠我德。上九。莫益之。或擊之。立心勿恆。凶。

益。增益也。虞翻曰。「大作。謂耕播。」正義曰。「大作。謂興作大事。」兩説不同。未知孰是。帝。天帝也。大有、隨、升。皆作亨。惟損益作享。前後歧出。體不畫一。惟朱子語類已討論及此。是宋時已然。相沿已久。各仍其舊。干寶曰。「桓文之徒。罪近篡弒。功實濟世。故曰益之用凶事。能保社稷。愛撫人民。故曰无咎。既乃中行近仁。故曰有孚中行。然後俯列盟會。仰致錫命。故曰告公用圭。」附會吏事。未知切否。遷國。游牧之族。依水草而居也。崔憬曰。「藩籬之寄。爲依從之國。若周平王之東遷。晉鄭是從也。」司馬溫公曰。「惠心者何也。惠之所施。孚于心。然後善也。夫人墜于絕壑。而遺之珠玉。寢疾垂死。而饋之酒肉。其物非不美也。而人不以爲德者何哉。非其心之所欲也。上九立心勿恆凶。何也。戒人勿以求益爲常心也。莫益之。象曰偏辭者何也。知益于己而不知怒于人之謂也。」上九之義。繫辭備矣。

此卦卦爻各辭。義旨深遠。愚所不詳。姑列數說。識者擇之。

☱☰ 乾下兌上

夬。揚于王庭。孚號。有厲告自邑。不利即戎。利有攸往。初九。壯于前趾。往不勝爲咎。九二。惕號。莫夜有戎。勿恤。九三。壯于頄。有凶。君子夬夬獨行。遇雨。若濡。有慍。无咎。九四。臀无膚。其行次且。牽羊悔亡。聞言不信。九五。莧陸夬夬。中行无咎。上六。无號。終有凶。

夬。決也。契也。揚。舉也。古之王者。發號施令。皆馮符契。故曰揚于王庭也。王之號令。以信爲貴。故曰孚號。而九四更以聞言不信爲戒也。邑中有警。則告之王。古者詔下告上。皆以符契。故曰有厲告自邑也。象傳以有厲屬上。告自邑屬下。讀雖不同。義則无異。壯。傷也。惕。懼也。恤。憂也。能戒懼于暮夜。則雖有戎。可勿憂矣。頄。顴也。夬夬。決之又決也。次且。行止礙也。莧。莧菜也。陸。商陸也。虞翻曰。「莧。説也。」讀爲夫子莧爾而笑之莧。陸。和睦也。惕號者。知戒懼也。故能勿恤。无號者。失政令也。故終有凶。

此卦述符契號令之事。遇雨、牽羊。所不詳也。

䷫ 巽下乾上

姤。女壯。勿用取女。初六。繫于金柅。貞吉。有攸往。見凶。羸豕孚蹢躅。九二。包有魚。无咎。不利賓。九三。臀无膚。其行次且。厲。无大咎。九四。包无魚。起凶。九五。以杞包瓜。含章。有隕自天。上九。姤其角。吝。无咎。

姤。遇也。本非所望。卒然值之。遇已非正。安望其能相長養。故曰勿用取女也。柅。籰柄也。籰。收絲者也。羸。纍也。孚。乳也。躑躅。徘徊也。薛虞記曰。
「杞。杞柳也。柔韌宜屈橈。」可爲包也。郭京謂包无
魚。本作包失魚。理或然也。
此卦含義。愚所不詳。

䷬ 坤下兌上

萃。亨。王假有廟。利見大人。亨利貞。用大牲吉。利
有攸往。初六。有孚不終。乃亂乃萃。若號。一握爲
笑。勿恤。往无咎。六二。引吉。无咎。孚乃利用禴。
六三。萃如嗟如。无攸利。往无咎。小吝。九四。大吉
无咎。九五。萃有位。无咎。匪孚。元永貞。悔亡。上

六。齎咨涕洟。无咎。

萃。聚也。草之叢生也。馬融、鄭玄、虞翻、陸績本。皆无萃下亨字。假。格。至也。號。哭也。一握爲笑。執手言歡也。禴。夏祭名。齎咨者。王弼曰。「嗟咨之辭。」虞翻作齎資。曰。「持資賻也。貨財喪曰賻。自目曰涕。自鼻稱洟。」大義未詳也。

䷭ 巽下坤上

升。元亨。用見大人。勿恤。南征吉。初六。允升。大吉。九二。孚乃利用禴。无咎。九三。升虛邑。六四。王用享于岐山。吉。无咎。六五。貞吉。升階。上六。

冥升。利于不息之貞。
升。追而上也。漢族宅居。在地西北。而朔方苦寒。南服膏腴。故歷代蔓演。皆自北而南。南征吉。此之謂也。周易相傳爲文王所作。周之立國。由邠遷岐。以翦商室。皆爲南征。此記其建基之始也。　允。說文作⿰⿱屮本允。進也。从屮。从本。允聲。或曰信也。虛。大丘也。古者九夫爲井。四井爲邑。四邑爲丘。丘謂之虛。先民相土宅宅。多依山丘。衛顓頊之虛。是爲帝丘。得乎丘民而爲天子。升虛邑者。率民登山而成國邑也。王。太王也。享。享祭也。崔憬曰。「此象太王爲狄所逼。徙居岐山之下。一年成邑。二年成都。三年五倍其初。通而王矣。」故升而祭其望也。正義以爲文王。世多疑之。後儒或附會夏后殷紂之事。徒爲紛紛。愚所不取。冥。暗昧也。夜行登山。不可以休息也。

此卦述建立周邑之事。

䷮ 坎下兌上

困。亨。貞大人吉。无咎。有言不信。初六。臀困于株木。入于幽谷。三歲不覿。九二。困于酒食。朱紱方來。利用享祀。征凶。无咎。六三。困于石。據于蒺藜。入于其宮。不見其妻。凶。九四。來徐徐。困于金車。吝。有終。九五。劓刖。困于赤紱。乃徐有說。利用祭祀。上六。困于葛藟。于鮠卼。曰動悔有悔。征吉。

困。窮也。窘也。委頓也。新舊蜕嬗。群心疑懼。所謂困也。大人制器。愚氓不信。故曰貞大人吉无咎有言不信也。及其久而通行。群情悦服。故曰困亨也。株木。木被伐。徒莖而无枝葉者。幽。不明也。覿。相見也。王弼曰。「最處低下。沈滯卑困居无安。故曰臀困于株木也。」上古巢居穴處。此其所以困也。太羹玄酒。古人所習。既醇既美。享用漸豐。然醉飽過宜。則反爲所困。紱。說文作市。韠也。上古衣蔽前而已。市以象之。朱紱赤紱者。不但自蔽。且有章采也。先民茹毛飲血。適腹而已。蔽前而不蔽後。適身而已。今文明既啓。衣服華侈。不有以節。恐未收其益。轉受其害。聖人故制爲賓主祭祀之禮。登降百拜。不及于亂。故曰利用享祀。利用祭祀也。詩小雅。楚楚者茨。言抽其棘。茨與薺同。蒺藜也。方言。凡草木刺人。江湘之間謂之棘。蒺藜。猶叢棘也。葛藟。蔓生附木者。臲卼。說文作槷臲。不安也。劓刖。荀爽、王肅、陸績本。皆作臲卼。是也。株木、幽谷、石。蒺藜也。葛藟臲卼。皆謂舊居之陋。而先民所習也。入于其宮。不見其妻者。宮室美奐。非復茅茨土階之陋。驚惶无措。夫妻相失也。大輅椎輪。先民所御。以金周輪。後世改進之具。初行于世。轉爲人疑。故徐徐而來。誠恐受困。釋文。「徐徐。疑懼貌。子夏作荼荼。内不定之意。」火車初行。人之驚懼亦猶是也。乃徐有説者。亦謂初衣赤紱。身所不慣。每思釋脱之也。守舊之士。疾視更新。每曰動輒有悔。何必改作。此古今同轍。深可嘆也。

此卦述衣食住行之改進。及群情疑懼之事。

䷯ 巽下坎上

井。改邑不改井。无喪无得。往來井井。汔至。亦未繘井。羸其瓶。凶。初六。井泥不食。舊井无禽。九二。井谷射鮒。甕敝漏。九三。井渫不食。爲我心惻。可用汲。王明。並受其福。六四。井甃。无咎。九五。井洌寒泉。食。上六。井收勿幕。有孚元吉。

井。鑿地取水也。古者伯益初作井。邑。國也。人主所居而民所聚處也。邑必有井。故曰市井。天時人事之變。而邑有遷時。井則附地不可改移。且將用爲道路之表識。故曰改邑不改井。往來井井者。謂遷徙往來。自此井而達彼井也。汔。水涸也。繘。汲綆也。羸。纍也。至則井涸。係其瓶而无可汲。故曰凶也。古者鑿地。其用有三。一。汲水。二。陷禽。三。射魚。皆謂之井。字亦作阱。周禮秋官雍氏。春。令爲阱、擭、溝瀆之利于民者。秋。令塞阱、杜擭。又冥氏。爲阱、擭、以攻猛獸。以靈鼓敺之。舊井。湮廢之井也。既淤淺不可飲。亦不可陷獸。故曰井泥不食舊井无禽也。莊子秋水篇。說埳井之鼃曰。擅一壑之水。而跨跱埳井之樂。又曰。井魚不可以語于海者。拘于虛也。井谷。即莊子所謂埳井之壑。有鼃有魚。殆今陂塘之類。不可以後世止水之井而疑其无魚也。射。謂弓矢射之。淮南時則訓曰。命魚師始魚。天子親往射魚。說苑正諫篇曰。昔白龍化爲魚。漁者豫且。射中其目。然則前人訓左傳矢魚爲陳魚者。誤已。此段說略本王引之經義述聞。而先儒謂「井不渫。活禽所不嚮。」又謂「井道上汲。今下注及魚。」「失井之道。」既非易旨。亦與情實不合也。渫。浚治也。井已浚治。清潔可食。先民多禁忌。井新治。未審吉否。故不敢食。王弼曰。爲猶使也。惻然心憂也。酋長大人。能不惑于機祥。率先用汲。則部人從而飲之矣。故曰王明並受其福也。以瓦甓壘井爲甃。壁既峭直。濾水而清。制漸精矣。洌。說

文作瀨。寒也。川流之水。與大氣接。寒溫之度。兩躋
而平。井水不然。當夏而寒者。深也。既甃且深。較初
民僅穿淺土者有間矣。虞翻曰。「收謂以鹿盧收繘」而
汲水也。幕以覆井。所以避塵穢也。
觀于此卦。而前世井制進化之迹備矣。

䷰ 離下兌上

革。已日乃孚。元亨。利貞。悔亡。初九。鞏用黃牛之
革。六二。已日乃革之。征吉。无咎。九三。征凶。貞
厲。革言三就。有孚。九四。悔亡。有孚。改命吉。九
五。大人虎變。未占有孚。上六。君子豹變。小人革

面。征凶。居貞吉。

革。改更也。王弼曰。「夫民可與習常。難于通變。可于樂成。難于慮始。改革之爲通。即日不孚。已日乃孚也。孚然後乃得元亨利貞悔亡也。已日而不孚。革不當也。悔吝之所生。生乎變動者也。革而當。其悔乃亡也。」已日之已。讀若已事遄往之已。成事之辭。輔嗣之注備矣。先儒或以爲辰巳。或以爲戊己。說近于附會。愚所不取。新舊遞禪。諸事更張。人心不免疑懼。主其事者。以誠信爲最要。卦爻各辭。累言有孚。其旨深矣。

鞏。固也。改命。改天命也。大人。君子貴而在位者。虎豹毛文烜燦。如變化然。小人。賤而在下者。王引之曰。「面。鄉也。革面者。改其所向之君子也。」革命之際。改步改玉。此大人君子之變也。臣妾係纍以歸新主。此小人之革面也。

此卦言改革之理。

䷱ 巽下離上

鼎。元吉。亨。初六。鼎顛趾。利出否。得妾以其子。无咎。九二。鼎有實。我仇有疾。不我能即。吉。九三。鼎耳革。其行塞。雉膏不食。方雨。虧悔。終吉。九四。鼎折足。覆公餗。其形渥。凶。六五。鼎黃耳金鉉。利貞。上九。鼎玉鉉。大吉。无不利。

鼎三足兩耳。和五味之實器也。顚。蹈也。趾。足也。王弼曰。「否。不善之物也。」處鼎之初。將以納新。故傾倒之以寫積汙也。古代俘人爲奴以供役使者。使男爲臣。女爲妾。得妾以其子者。與其子並俘之也。潔鼎。臣妾之職也。鼎有實者。羹飪而實于鼎也。鼎既實。則以鉉貫耳而扛近食前。儀禮所謂偏鼎是也。若未實。則撤鉉脫耳。謂之耳革。耳革則鼎不行。故曰其行塞也。凡羹。烹之於鑊。升之於鼎。載之于俎。非大烹不用鼎。大烹之鼎。所謂函牛之鼎也。其容一斛。不可以烹小鮮。少泊之則焦。多泊之則淡而無味。故雉膏不可食也。仇。敵也。疾。病也。先民得食。時虞爲人所奪。今敵有病。則不能就我之食。而我能自享鼎實。故曰吉也。餗有二。說文。鬻。鼎實。維葦及蒲。即維筍及蒲也。異文或作餗。此一說也。說文。陳留謂健爲鬻。健與饘同。釋文引馬融注曰。餗。健。此又一說也。此應從馬說。左傳正考父鼎銘。饘于是。粥于是。以糊余口。杜注。于是鼎中爲饘粥。是健爲鼎實。古有明文矣。覆。傾倒之也。王弼曰。「渥。沾濡之貌。」饘既傾覆。流漬四溢也。鄭玄本作其形剭。謂覆鼎罪重。刑之屋下。此喻義。非本義也。初民用器先石。繼之以銅。玉鉉。石也。金鉉。銅也。

此卦言鼎鑊烹飪之事。

䷲ 震下 震上

震。亨。震來虩虩。笑言啞啞。震驚百里。不喪匕鬯。

初九。震來虩虩。後笑言啞啞。吉。六二。震來厲。億喪貝。躋于九陵。勿逐。七日得。六三。震蘇蘇。震行无眚。九四。震遂泥。六五。震往來厲。億无喪有事。上六。震索索。視矍矍。征凶。震不于其躬。于其鄰。无咎。婚媾有言。

震。辟歷振物者也。虩虩。恐懼貌。啞啞。笑聲。匕。陸績云。「撓鼎之器。」鬯。鄭玄云。「秬黍之酒。其氣條暢。故謂之鬯。」雷震之威。初民所懼。雨霽雷息。懼心止而笑言作矣。震驚百里。雷之威也。不喪匕鬯。飲食无礙也。震來厲者。雷聲作。衆以爲危也。億。意度之也。貝。貨也。億喪貝者。以爲將喪失其財賄也。躋于九陵者。登山以避之也。勿逐七日得者。雷息懼止。久之將自迫也。虞翻曰。「死而復生稱蘇。」雷之震人。輕者能蘇也。前人以謂雷震有罪者。今得蘇。故曰无眚也。遂。荀本作隊。墜也。震遂泥者。因震而隧塗泥也。震往來厲者。雷行于天。往來倏忽也。鄭玄云。「索索猶縮縮。足不正也。矍矍。目不正也。」迅雷風烈必變。持之以敬也。雷雨大震。不宜出行。故曰征凶也。

此卦述雷震之威。

☶☶ 艮下艮上

艮其背。不獲其身。行其庭。不見其人。无咎。初六。艮其趾。无咎。利永貞。六二。艮其腓。不拯其隨。其心不快。九三。艮其限。列其夤。厲。薰心。六四。艮其身。无咎。六五。艮其輔。言有序。悔亡。上九。敦艮。吉。

艮。很也。很。不相聽從也。　史徵曰。「艮者。靜止之義。此卦象山之爲體。安然靜止。不動不移。故以爲名也。老子云。不見可欲。使心不亂。背者。无見之物。今既止在其背。目之不見。即動欲之情不生。故曰艮其背也。」趾。足也。腓。脛腨也。限。漢儒皆以爲腰帶處。上下之所際限也。夤。鄭本作䏰。夾脊肉也。説文所无。説文有胂字。正訓夾脊肉。此作夤䏰者。殆改借也。身。全體也。輔。人頰似車也。敦。厚也。止其趾。腓不克躁動。故心不娛快。止其腰。脊不克轉側。故心薰灼。止其全體。禁限愈甚。然因此不陷非妄。故曰无咎。止其輔。頰不克妄言。故曰有序。兼山嶽。敦厚之衆。止之極矣。故以爲吉也。咸卦發明情感之義。因感而動。動遂及全身。艮卦發明靜止之義。因止而靜。靜亦及全身。故兩卦皆就人肢體分言之。

☴☶ 艮下巽上

漸。女歸吉。利貞。初六。鴻漸于干。小子厲。有言无咎。六二。鴻漸于磐。飲食衎衎。吉。九三。鴻漸于陸。夫征不復。婦孕不育。凶。利禦寇。六四。鴻漸于木。或得其桷。无咎。九五。鴻漸于陵。婦三歲不孕。

終莫之勝。吉。上九。鴻漸于陸。其羽可用爲儀。吉。

漸。進也。循序而進也。婦人謂嫁曰歸。婚姻六禮。以漸而進。不可躁求。故曰女歸吉。婚禮既定。已非劫奪時事矣。于。水旁厓也。小水從山流下爲干。磐應作般。水涯堆也。衎。樂也。高平曰陸。鴻飛遵渚。不宜遷陸。今漸于陸。進即不安矣。孕。裹子也。育。養也。孕而不育者。言夫去不復。雖孕而不能養其子也。鴻棲以蹠不以爪。故不能棲木。方椽爲桷。漸木而得桷。勉可以棲。故曰无咎。山之高出者爲陵。進愈亢矣。故退而更漸于陸也。宋儒或謂陸當作逵。與儀爲韻。失其進退之義矣。且逵古讀馗。儀古讀俄。非爲一韻。宋儒誤矣。儀。舞也。書。鳳凰來儀。文舞用羽。故曰其羽可用爲儀也。鴻雁來賓。寒暑來迭。古人以此爲歲時之候。故僅伺其所漸也。

此卦以鴻漸與婦孕互說。其關聯之旨。愚所不詳。李鼎祚謂「鴻雁鳥喻女從夫。卦明漸義。爻皆稱焉。」理或然也。

䷵ 兌下震上

歸妹。征凶。无攸利。初九。歸妹以娣。跛能履。征吉。九二。眇能視。利幽人之貞。六三。歸妹以須。反歸以娣。九四。歸妹愆期。遲歸有時。六五。帝乙歸妹。其君之袂不如其娣之袂良。月幾望吉。上六。女承筐无實。士刲羊无血。无攸利。

歸妹與女歸不同。女歸者。女歸嫁于夫家。男權既盛時之事也。歸妹者。夫歸于婦族。女權時代之事也。後世贅婿。其殘迹也。以娣以須者。嫁女而從以媵也。須。說文作嬃。女字也。或曰女之賤者。古者劫婚。故一娶而俘衆女。後世制禮。媵以姪娣。沿古俗也。當其初俘。女心未服。必係纍之。故曰利幽人之貞。後世稱女之美德曰幽嫻貞靜。幽謂幽縶。嫻謂防閑。皆劫婚時遺語也。帝乙。紂父也。歸妹事所不詳。或曰。帝乙。成湯也。荀爽稱湯以娶禮歸其妹于諸侯。即其事也。歸妹爲男從女。故君之袂不如娣之袂良。以女貴而男賤也。上世女權正盛。此部群男嫁于彼部群女。此卦所指。正其事也。承筐刲羊。婚禮成而祭先也。宗廟之禮。主婦奉筐。主人視殺牲是也。无實无血。儉不中禮。故曰无攸利。

此卦述上世群婚之俗。

䷶ 離下震上

豐。亨。王假之。勿憂。宜日中。初九。遇其配主。雖旬无咎。往有尙。六二。豐其蔀。日中見斗。往得疑疾。有孚發若。吉。九三。豐其沛。日中見沫。折其右肱。无咎。九四。豐其蔀。日中見斗。遇其夷主。吉。六五。來章。有慶譽。吉。上六。豐其屋。蔀其家。闚其戶。闃其无人。三歲不覿。凶。

豐。盛大也。假。大也。日中。日行中天也。光最熾盛。豐大之象也。將述日食。先述其極盛也。配。匹敵也。夷。平也。主。行道所主之人也。十日爲旬。言其久也。所主之人與己匹敵等夷。故可久留也。旅行求主。上世所習見。解在坤卦也。蔀。蔽也。豐其蔀者。蔽之大也。日中見斗。晝晦也。日爲月蔽。天地晦冥。星斗晝見也。沛。釋文本或作旆。幔也。沬。斗杓後小星也。日食巨變。先民所懼。闃户无人。匿不敢出也。故以爲疑。故以爲凶。積久迎候。知其有常。而後信天行之昭章。故曰有孚。故曰來章也。

此卦述日食之變。

䷷ 艮下離上

旅。小亨。旅貞吉。初六。旅瑣瑣。斯其所。取災。六二。旅即次。懷其資。得童僕。貞。九三。旅焚其次。喪其童僕。貞厲。九四。旅于處。得其資斧。我心不快。六五。射雉。一矢亡。終以譽命。上九。鳥焚其巢。旅人先笑後號咷。喪牛于易。凶。

旅。衆行也。上世每有舉族遷徙之事。所謂旅也。非後世商旅赴利之事也。瑣瑣。小也。舉族遷徙。雖齏鹽猥屑。舉不可棄也。斯。離也。離其所則足爲災。故老子曰。終日行不離輜重也。即。就也。次。舍也。懷。藏也。資。齎也。所裹餱糧也。得童僕者。中道俘人爲奴也。焚次喪童者。遇敵見掠也。處者。于時處處也。斧。戉也。弓矢斯張。干戈戚揚。啓行者所有事也。崎嶇道路。未知所底。故不快也。射雉亡矢。中道獵食。

亦有所失也。易。壇場也。喪牛于場。亦旅人之凶也。

此卦述流離遷徙之事。

䷸ 巽下 巽上

巽。小亨。利有攸往。利見大人。初六。進退。利武人之貞。九二。巽在牀下。用史巫紛若。吉。无咎。九三。頻巽。吝。六四。悔亡。田獲三品。九五。貞吉。悔亡。无不利。无初有終。先庚三日。後庚三日。吉。上九。巽在牀下。喪其資斧。貞凶。

巽。遜順也。正義曰。「巽悌以行。物无違距。故曰利有攸往。大人用巽。其道愈隆。故曰利見大人。明上下皆須用巽也。」巽順有不決之意。故曰進退。武人之失在亢進。故以巽爲利。牀下。近地也。太史讀禮協事。司巫取祝。以孝告嘏。以慈告語。史以書動。巫以告廟。國之大事。在祀與戎。而皆以史巫從事。在平時則史掌卜筮。巫掌祓禳。史巫之在上世。蓋不可一日或缺。故王者前巫而後史。前後記告。紛紛若若也。頻。蹙不前也。三品。上中下殺也。穀梁傳注曰。「上殺中心。乾之爲豆實。中殺中髀骼。以供賓客。下殺中腹。充君之庖廚。」此雖周代之說。前世未必盡用。然田獵所獲。必當有等矣。庚。賡續也。始事曰甲。續事曰庚。先後三日者。既備于先。又善于後也。資斧注詳前卦。牀下近地而喪其資斧。則他无不喪矣。故以爲凶。

此卦述巽順之道有吉有凶也。

䷹ 兌下兌上

兌。亨。利貞。初九。和兌。吉。九二。孚兌。吉。悔亡。六三。來兌。凶。九四。商兌未寧。介疾有喜。九五。孚于剝。有厲。上六。引兌。

兑。說也。和兑者。和同而悅也。孚兑者。中外孚信。故相悅也。來兑者。舍悅而來。先儒以爲近于謟佞。故爲凶。商兑者。從外知內也。商而能悅。朋友講習之義也。各極其思。各盡其說。愈辨益精。有若未寧。此講習之樂也。介。大也。大疾能瘳。喜孰甚焉。剝者。小人道長之謂也。與小人相孚信。危孰甚焉。引。牽也。牽引使悦。非中心悦而誠服。有勉強之意焉。

此卦述悦樂之情。

䷺ 坎下巽上

渙。亨。王假有廟。利涉大川。利貞。初六。用拯馬壯。吉。九二。渙奔其机。悔亡。六三。渙其躬。无悔。六四。渙其群。元吉。渙有丘。匪夷所思。九五。渙汗其大號。渙王居。无咎。上九。渙其血去逖出。无咎。

渙。散也。或曰。賢也。拯。拼。上舉也。奔。赴也。机。几也。凭之以爲安者。錢大昕曰。「呂氏春秋曰。渙者。賢也。群者。衆也。元者。吉之始也。渙其群元吉者。其佐多賢也。伊川言君臣同功。所以濟渙。天下渙散而能使之群衆。可謂大善之吉。與呂賢義亦相近。」丘。土之高也。匪。非也。夷。平也。高而爲丘。則非平坦所可思矣。或曰非常人思慮所可及也。汗。液也。人液去體。有出无入。故曰无反汗。大號王者之聲施也。渙汗大號者。王者聲名播于四遠也。王居。京師也。血。恤。憂也。逖。惕懼也。抱憂而去。警惕而出也。　姑訓字義。大旨未詳。

䷻ 兌下坎上

節。亨。苦節。不可貞。初九。不出戶庭。无咎。九二。不出門庭。凶。六三。不節若。則嗟若。无咎。六四。安節。亨。九五。甘節。吉。往有尙。上六。苦節。貞凶。悔亡。

節。止也。有所止不使過也。苦節者。節而至于苦。非人情所堪。故不可以爲貞正也。戶庭者。戶外之庭。門庭者。門內之庭。古宮室有戶。戶外爲堂。堂下階前相值曰庭。門者。庭之外闈者也。不出户庭不出門庭者。皆守節不踰閑也。然時有不同。則吉凶以異。節固不可以一概而論也。不節若則嗟若者。不能守節。將致嗟嘆也。安。安之也。甘。甘之也。素履之人。甘心安分。所以爲亨吉也。上六苦節者。以節爲苦。將不能守節之正道。不免爲凶。然高峻之節。本不可以責之人人。故又曰悔亡也。司馬溫公曰。「子臧曰。聖達節。次守節。下失節。九五達節也。六四守節也。九二六三失節也。」

此卦論節操高下。

䷼ 兌下巽上

中孚。豚魚吉。利涉大川。利貞。初九。虞吉。有他。不燕。九二。鳴鶴在陰。其子和之。我有好爵。吾與爾靡之。六三。得敵。或鼓或罷。或泣或歌。六四。月幾望。馬匹亡。无咎。九五。有孚攣如。无咎。上九。翰音登于天。貞凶。

中孚。信發于中也。王引之曰。「豚魚者。士庶人之禮也。士婚禮。特豚。合升。去蹄。魚十有四。士喪禮。豚合升。魚、鱄、鮒、九。月朔。奠用特豚魚腊。楚語。士有豚犬之奠。庶人有魚采之薦。王制。庶人夏薦麥。秋薦黍。麥以魚。黍以豚。豚魚乃禮之薄也。苟有中信之德。則人感其誠而神降之福。故曰豚魚吉。」吳曰愼曰。「豚魚吉。益信及豚魚者之吉。非豚魚吉也。故當以中孚豚魚爲讀。」虞燕。皆安也。能安則吉。有他則不安也。鳴鶴相和。以喻人之相信。爵。尊也。虞翻曰。靡。共也。相好之爵。无算以盡歡。朋友相信。說之道也。得敵者。以誠信待敵。能得敵之心也。鼓則歌。罷則泣。感于誠信之應也。六四九五之義。愚所未詳。雞曰翰音。古用郊天。故曰登于天。雄雞斷尾悼爲犧。故曰貞凶也。

此卦述誠信之孚。友敵禽魚咸利賴之也。

☳☶ 艮下震上

小過。亨。利貞。可小事。不可大事。飛鳥遺之音。不宜上。宜下。大吉。初六。飛鳥以凶。六二。過其祖。遇其妣。不及其君。遇其臣。无咎。九三。弗過防之。從或戕之。凶。九四。无咎。弗過遇之。往厲。必戒。勿用永貞。六五。密雲不雨。自我西郊。公弋。取彼在穴。上六。弗遇過之。飛鳥離之。凶。是謂災眚。

小過。過之小者。聞音而不見鳥。弋人何慕。離讀若鴻則離之之離。　顧亭林曰。「古人自祖母以上通謂之妣。左傳昭十年。邑姜。晉之妣也。平公之去邑姜。蓋二十世矣。過其祖。遇其妣。據文義妣當在祖之上。不及其君。遇其臣。臣則在君之下也。昔人未渝此義。周人以姜嫄爲妣。周語謂之皇妣太姜。是以妣先乎祖。周禮大司樂。享先妣在享先祖之前。而斯干之詩曰。似續妣祖。或乃謂變文協韵。是不然矣。」近世所獲商代甲文。每妣祖並舉。而妣先於祖。亭林之說審矣。上世女權盛于男權。母尊於父。妣先于祖。事則然矣。周易繇辭。每有述及女權者。先儒不審。輒以後世之事解之。誤已。

此卦雜列多事。義旨深遠。愚所不詳。

䷾ 離下坎上

既濟。亨小。利貞。初吉。終亂。初九。曳其輪。濡其尾。无咎。六二。婦喪其茀。勿逐。七日得。九三。高宗伐鬼方。三年克之。小人勿用。六四。繻有衣袽。終日戒。九五。東鄰殺牛。不如西鄰之禴祭。實受其福。上六。濡其首。厲。

既。已也。濟。渡也。成也。既濟。事已成時也。亂。絕流而渡也。濡。沾濕也。茀。車之蔽也。虞翻曰。「高宗。殷王武丁。」干寶曰。「鬼方。北方國也。」

詩大雅蕩之篇曰。內奰于中國。覃及鬼方。竹書紀年稱王季伐西落鬼戎。近人王國維考知其地包在岐周西北兩垂。蓋一當時強族也。或以爲南方荊蠻者。誤已。其後音轉而爲昆夷、玁狁。及秦漢而稱匈奴。爲中國之邊患者幾千年。殷周之際尤烈。高宗奮起遠征。亦歷三年。乃能克之。何其艱也。抗敵禦侮。以保宗國。生民之大事孰有重於此者哉。文王周公。生當其時。深知異族凭陵之害。故取其事繫之爻辭。其旨深遠矣。繻、襦。㬈衣也。㬈。溫也。蓋冬衣也。袽。絮縕也。一曰敝絮。征人疲憊。衣敗敝也。冬蒸用牛。夏禴用豕。奢不如儉也。先儒或謂東鄰紂也。西鄰文王也。理或然也。

濡尾猶可以濟。故曰无咎。濡首則將致溺。故曰危也。

此卦述大川既濟。益自矜愼也。

䷿ 坎下離上

未濟。亨。小狐汔濟。濡其尾。无攸利。初六。濡其尾。吝。九二。曳其輪。貞吉。六三。未濟。征凶。利涉大川。九四。貞吉。悔亡。震用伐鬼方。三年。有賞于大國。六五。貞吉。无悔。君子之光。有孚。吉。上九。有孚于飲酒。无咎。濡其首。有孚失是。

未濟。事未成時也。汔。涸也。小狐見川之涸也。以爲可涉矣。乃竟濡其尾。是淍非全淍。而欲濟者終未可濟也。故曰无攸利。鬼方。北方強族也。解在前卦。自黃帝以來。世爲中國患。至于今未艾。易以爲未濟征凶。或有以也。震。怒也。受侮既多。王赫斯怒。三年有成。還師賞功。此君子之光也。能信于物。故得逸豫而不憂於事之廢。故曰有孚于飲酒无咎也。然既未成。苟耽于酒。至于霑濡其首而不止。必將失其所是。雖有信譽。无救于失。故曰濡其首有孚失是也。

此卦述川尚未濟。兢兢戒懼也。

周易詁辭卷三

彖上傳

大哉乾元。萬物資始。乃統天。雲行雨施。品物流形。大明終始。六位時成。時乘六龍以御天。乾道變化。各正性命。保合太和。乃利貞。首出庶物。萬國咸寧。

資。取也。萬物皆取始于乾而領之于天。此贊天道也。雲雨品物。此贊天象也。大明。日也。寅賓升降。如乘龍行天而晝夜四時成焉。此贊天時也。變化保合。此贊天性也。首出庶物。生人也。萬國咸寧。建侯也。

至哉坤元。萬物資生。乃順承天。坤厚載物。德合无疆。含弘光大。品物咸亨。牝馬地類。行地无疆。柔順利貞。君子攸行。先迷失道。後順得常。西南得朋。乃與類行。東北喪朋。乃終有慶。安貞之吉。應地无疆。乃順承天者。順天時以生養萬物也。春生夏長。秋收冬藏。莫之能逆也。无疆者。摶摶四展。望之无邊際也。

屯。剛柔始交而難生。動乎險中。大亨貞。雷雨之動滿盈。天造草昧。宜建侯而不寧。

虞翻曰。「乾剛坤柔。」朱子曰。「始交謂震。難生謂坎。」屯。說文。難也。象草木之初生也。屯然而難。故曰難生。正義曰。「坎爲險。震爲動。震在坎下。是動于險中。」卦爻之體。如是而已。先儒或謂此本坎卦初升二降。夫兩體成卦。各標一義。豈有此卦乃自彼卦升降而來之理哉。緣彖傳中每有剛柔往來之語。遂別于卦外求所從來。不知陽爲剛大。陰爲柔小。內卦爲來爲下。外卦爲往爲上。皆自本卦言。升降之說。愚所不解。上古之時。草木繁蕪。雷雨時作。則天地晦冥。愚氓驚懼。罔知所厝。宜立君長爲人民之率。然其時種姓林立。各不相統。故曰宜建侯而不寧。不寧。謂不屬也。天造草昧。王者猶未出也。

蒙。山下有險。險而止。蒙。蒙亨。以亨行。時中也。

匪我求童蒙、童蒙求我。志應也。初筮告。以剛中也。再三瀆。瀆則不告。瀆蒙也。蒙以養正。聖功也。

侯果曰。「艮爲山。坎爲險。險被山止。止則未通。蒙昧之象。」朱子曰。「端蒙正始。作聖之功。」

需。須也。險在前也。剛健而不陷。其義不困窮矣。需。有孚、光亨貞吉。位乎天位。以正中也。利涉大川。往有功也。

須借爲頦。待也。何妥曰。「有險在前。不可妄涉。故須待時然後動也。」侯果曰。「乾體剛。遇險能通。」

上古穴居之族。流轉道途。崎嶇艱險。非剛健之德。孰能遠征。故曰剛健不陷也。位乎天位者。以卦中有乾也。蜀才謂此本大壯卦五降四升。愚所不解也。

訟。上剛下險。險而健。訟。訟有孚窒惕中吉。剛來而得中也。終凶。訟不可成也。利見大人。尙中正也。不利涉大川。入于淵也。

上剛下險。謂乾坎也。二爲陽爻。故曰得中。傳文明白如此。蜀才乃謂此本遯卦二進三降。何委曲也。程子曰。「内不險不生訟。外不健不能訟。險而健乃訟。」訟本凶事。内則心境乖舛。外則讎敵伺隙。乃用此時重涉川險。將有覆溺之患。故曰入于淵也。

師。衆也。貞。正也。能以衆正。可以王矣。剛中而應。行險而順。以此毒天下而民從之。吉、又何咎矣。

正義曰。「剛中謂九二。而應謂六五。」干寶曰。「坎爲險。坤爲順。」黃帝以師爲營衛。以四征不庭。帝王之興。國家之建。蓋皆自戰爭來矣。此所謂能以衆正可以王也。毒。害也。師旅之興。爲害于天下。非必其殘暴也。雖師出以律。而无形之損失。固已多矣。而人不得不從之者。畏其威而懷其德也。逆取順守。又何必重咎之哉。興國之君。成功之將。皆如是爾。哀哉。

比。吉也。比。輔也。下順從也。原筮元永貞无咎。以剛中也。不寧方來。上下應也。後夫凶。其道窮也。

正義曰。「九五剛而處中。」程子曰。「以聖人之公言之。固至誠求天下之比以安民也。以後王之私言之。不求下民之附則危亡至。故上下之志必相應也。」

小畜。柔得位而上下應之。曰小畜。健而巽。剛中而志行。乃亨。密雲不雨。尙往也。自我西郊。施未行也。

柔得位謂六四也。體无二陰以分其應。故曰上下應之。健謂乾。巽謂巽。剛中謂二九也。虞氏謂與豫旁通是也。又謂豫四之坤初爲復。曼衍支離。愚所不解。

履。柔履剛也。說而應乎乾。是以履虎尾不咥人亨。剛中正。履帝位而不疚。光明也。

兑者。和説也。乾。剛健也。兑下乾上。故曰柔履剛。虞氏謂與謙旁通。以坤履乾。何支離也。剛中正謂九五也。和説以躡剛強之後。猶履虎尾而不見傷。故謂之亨。舜禹踐位若固有之。湯武征誅而有慚色。光明之辨也。贊易者以履帝位比之履虎尾。其意何微而顯與。

泰、小往大來、吉亨。則是天地交而萬物通也。上下交而其志同也。內陽而外陰。內健而外順。內君子而外小人。君子道長。小人道消也。

虞翻曰。「坤陰詘外爲小往。乾陽信內爲大來。天地交萬物通。故吉亨。」虞氏喜以互體卦變爲説。多支離難解。此獨簡明。亦以卦辭彖傳咸明白。无可附會也。蜀才謂「此本坤卦。」不就本卦明旨。必待別引一卦。甚无謂也。君子。貴而在位者也。小人。賤而在下者也。古者諸侯並爭。勝則爲君爲長。敗則爲臣爲妾。君長恐臣妾之爲變亂也。初則刑以威之。繼則教以化之。教化既昌。上下志同。于是君子健而在上。小人順而在下。此古人之所謂泰也。

否之匪人、不利君子貞、大往小來。則是天地不交而萬物不通也。上下不交而天下无邦也。內陰而外陽。內柔而外剛。內小人而外君子。小人道長。君子道消也。

虞翻曰。「陰信陽詘。故大往小來。」此泰之反也。貴族失道。國柄下移。小人肆志。陵其君長。否運之極。玉步將改矣。

同人。柔得位得中而應乎乾。曰同人。同人曰。同人于野亨、利涉大川。乾行也。文明以健。中正而應。君子正也。唯君子爲能通天下之志。

正義曰。「柔得位得中者。謂六二也。上應九五。是應乾也。」乾行猶言健行。謂剛健而不陷也。語甚明白。而侯果謂「九二升上由乾爻上行。」必以卦變爲言。甚无謂也。通天下之志乃爲大同。不然。則是私情之合而已。何以致亨而利涉哉。

大有。柔得尊位、大中、而上下應之。曰大有。其德剛健而文明。應乎天而時行。是以元亨。

柔得尊位謂六五。王弼曰。「居中以大。體无二陰以分其應。上下應之。靡所不納。大有之義。」

謙亨。天道下濟而光明。地道卑而上行。天道虧盈而益謙。地道變盈而流謙。鬼神害盈而福謙。人道惡盈而好謙。謙尊而光。卑而不可踰。君子之終也。

謙之彖傳。天道地道通論義理耳。荀虞必以互體卦變爲說。展轉支離。不亦固哉。鄭玄曰。「山體高。今在地下。謙之象。」取象如此。亦已足矣。何待別論哉。崔憬曰。「日中則昃。月滿則虧。天之道也。高岸爲谷。深谷爲陵。地之道也。朱門之家。鬼瞰其室。黍稷非馨。明德惟馨。是其義矣。滿招損。謙受益。人之道也。」古代貴仕。每多驕盈。陵侮臣僕。虐用其民。激而爲亂。所不免焉。故爲謙卑。使不可踰。終保其貴之道也。

豫。剛應而志行。順以動。豫。豫順以動。故天地如之。而況建侯行師乎。天地以順動。故日月不過而四時不忒。聖人以順動。則刑罰淸而民服。豫之時義大矣哉。

侯果曰。「四爲卦主。五陰應之。剛志大行。故曰剛應而志行。」崔憬曰。「坤下震上。順以動也。順時則天不能違。循宜則地盡其利。故曰天地如之。日月不過、四時不忒。極言順豫之理。先儒乃謂卦爻中有天地日月四時之象。求之本卦不能見。」則推之旁通。旁通之卦猶不能見。則更求之半象爻體。則亦何所不通。是以言愈辨而愈不可信。愚故僅錄侯崔兩家義。餘悉屛焉。建侯以賞有功。行師以懲有罪。二者御貴族之大經也。刑罰則以御下民。皆宜順勢利導。苟倒行逆施。何豫之有。

隨。剛來而下柔。動而說。隨。大亨貞无咎而天下隨時。隨時之義大矣哉。

正義曰。「剛爲震也。柔爲兑也。震處兑下。是剛來下柔。求之本卦。其義已明。何必謂否乾上來之坤初邪。」程子易傳。舍象言理。乃于此象獨用虞義。何也。王宗傳曰。「世儒惑于卦變。殊不知八卦成列。因而重之。而内外上下往來之義已備乎其中。自八卦既重之後。又烏有内外上下往來之義乎。」其言可謂切矣。

可破隨自否來、蠱自泰來諸說之妄。虞氏又解天下二字。謂乾爲天、坤爲下。尤可笑哂。春秋代謝。寒暑迭更。而萬物隨之消長。此隨時之義也。世運蛻嬗。文質相濟。持世之士。亦當剛來柔下。乘運轉移。亦隨時之義也。王肅本。隨時作隨之。旣乖此理。又與漢晉諸儒所引不合。未可從。

蠱。剛上而柔下。巽而止。蠱。蠱元亨而天下治也。利涉大川。往有事也。先甲三日、後甲三日。終則有始。天行也。

艮山故爲剛。巽風故爲柔。豈必以泰初之上爲說哉。天道循環。周而復始。故曰終則有始。

臨。剛浸而長。說而順。剛中而應。大亨以正。天之道也。至于八月有凶。消不久也。

一陽在下。陽氣漸復之象。此卦下有二陽。故曰剛浸而長。鄭玄曰。「陽氣自此浸而長大也。」剛中謂二也。

大觀在上。順而巽。中正以觀天下。觀。盥而不薦。有孚顒若。下觀而化也。觀天之神道而四時不忒。聖人以神道設教而天下服矣。

大觀在上者。天象昭垂爲下所觀也。四陰在下。二陽在上。其象。坤、順也。巽、巽也。中正謂五也。盥而不薦者。祭天示人民以寅畏也。上世之人。敬天而畏神。聖人資之設教而服天下。非以明民。將以愚之。先進于禮樂。事則然已。

頤中有物曰噬嗑。噬嗑而亨。剛柔分動而明。雷電合而章。柔得中而上行。雖不當位。利用獄也。

頤卦之四。變六爲九。故曰頤中有物。此釋噬嗑之義。兼明其象也。程傳曰。「剛爻與柔爻相間。剛柔分品不相雜。爲明辨之象。明辨。察獄之本也。」愚按剛柔相間者。二卦剛柔正而位當者爲既濟。剛柔應而不當位者爲未濟。此卦有當有不當。故不曰正、不曰應、而曰分。程子以相間說分字以此也。盧氏則謂此本否卦。乾五降坤初。坤初升乾五。信如其說。則三陰三陽之卦各二十。皆自泰否來。何以獨此謂之分邪。愚故舍盧錄程也。震動爲雷。離明爲電。本是一物。故曰合而章。

賁亨。柔來而文剛。故亨。分剛上而文柔。故小利有攸往。天文也。文明以止。人文也。觀乎天文以察時變。觀乎人文以化成天下。

賁卦本爲文飾之義。離體二陽。一陰居中。故曰柔來文剛。艮體二陰。一陽居上。故曰剛上文柔。謂之爲分者。此卦亦剛爻柔爻相間。剛柔分而不相雜。與噬嗑同也。先儒謂由泰卦升降而來。一卦已成。豈更有變。愚所不解。明謂離也。止謂艮也。日月星辰。是爲天文。禮樂刑政。是爲人文。七政運行。歲時以成。聖人謹之。所以厚民生也。政教昌明。家國以建。聖人重之。所以進民德也。乃命義和。觀天文也。司徒明教。觀人文也。聖人之治。化成天下。非徒文飾也。而華國之具。亦賴于是。故聖人于賁贊之。郭京說天文上當有剛柔交錯四字。朱子謂理或然也。

剝。剝也。柔變剛也。不利有攸往。小人長也。順而止之。觀象也。君子尙消息盈虛。天行也。

五陰在下。一陽在上。柔將有變剛之勢。坤順艮止也。
觀象謂觀天象知剝之必復也。大圜在上。星辰繫焉。東升西落。朝夕盈昃。此天行之消息盈虛也。君子觀于天象。知剝之必復。雖困无懼也。

復亨。剛反動而以順行。是以出入无疾、朋來无咎、反復其道、七日來復。天行也。利有攸往。剛長也。復其見天地之心乎。

復。反也。一陽在下。以漸而長。故曰剛反動。卦爻以下爲初。復之陽生。其勢甚順。故曰以順行。天地運轉。周而復始。故復者天地之心也。天行有常。絕无遲速凌鬭之變。故曰出入无疾。疾。急也。既无急即無緩矣。七政出入。雖頗不齊。而各循其軌。不急不徐。故曰反復其道。道。軌術也。舉七日者。計日之數爲十。甲至癸是也。半之爲五。此言七者。少不至三。多不至十。取其約數也。復見天地之心一語。以剝反爲復。見天地生物之心。未嘗一日息耳。非謂天地惟見于復也。而康節濂溪于此。極論陰陽動靜之理。其說誠精美。然易傳未必有此義。亦徒成爲宋儒之議論而已。

无妄。剛自外來而爲主於內。動而健。剛中而應。大亨以正。天之命也。其匪正有眚、不利有攸往。无妄之往。何之矣。天命不祐。行矣哉。

王宗傳曰「初九之剛乾。一索于坤而得之。是以爲震。而外體又乾。則初九之剛。實自乾來。故曰剛自外來。震以初爻爲主。在卦則内體也。故曰爲主于内。」无妄之往。逆天命也。故天不祐。

大畜。剛健篤實。輝光日新。其德剛上而尙賢。能止健。大正也。不家食吉。養賢也。利涉大川。應乎天也。

虞翻曰。「剛健謂乾。篤實謂艮。」蜀才曰。「剛陽居上。尊尚賢也。」不家食者。所食者衆。不僅家人。然亦以養賢爲主。不肖者豈所養哉。王弼以日新其德爲句。鄭讀以日新爲句。今從鄭讀。

頤貞吉。養正則吉也。觀頤。觀其所養也。自求口實。觀其自養也。天地養萬物。聖人養賢以及萬民。頤之時大矣哉。

宋衷曰。「觀其所養。必得賢明。自求口實。必得體宜。是謂養正也。」天地既位。萬物並育。无差等也。聖人獨先養賢。然後及萬民。何也。求賢自輔。乃可以養民也。彖傳或釋卦體。或釋卦德。此獨僅釋卦辭。辭義已明。不復旁及矣。先儒偏喜專釋卦變。虞氏謂晉四之初。又謂臨二之上。猶疑兩可。已不足信。又謂離爲目。故觀。是以其中虛似離也。鄭氏又謂自二至五有二坤。坤載養物。而人所食之物皆存焉。以證口實。彌覺可笑。漢儒之喜穿鑿附會。一至于此。清人猶崇信之。何其不達。

大過。大者過也。棟橈。本末弱也。剛過而中。巽而說行。利有攸往乃亨。大過之時大矣哉。

虞翻曰。「初上陰柔。本末弱。故棟橈也。」剛過而中。謂中四爻皆陽剛也。

習坎。重險也。水、流而不盈。行險而不失其信。維心亨。乃以剛中也。行有尙。往有功也。天險。不可升也。地險。山川丘陵也。王公設險以守其國。險之時用大矣哉。

胡炳文曰「水字當讀。流而不盈、行險而不失其信兩句。皆指水言。」正義曰。「險陷既極。坑阱特深。水雖流注。不能盈滿。」俞琰曰。「迂迴曲折。不知更歷幾險而終至于海。茲非行險而不失其信者乎。」侯果曰。「二五剛而居中。」高城深池。有形之險也。政明刑修。无形之險也。王公守國。豈必設有形之險哉。聲教四溢。與人以不敢犯。此其上也。國字失韵。虞本作邦。是也。

離。麗也。日月麗乎天。百穀草木麗乎土。重明以麗乎正。乃化成天下。柔麗乎中正。故亨。是以畜牝牛吉也。

麗。附也。日月附天而行。百穀草木附地而生。正義曰。「此廣明附著之義。」離。明也。重二離故曰重明。以象日月。日月監臨。天下文明。陰爻爲柔。二五爲中。然二得正而五非正。同謂之爲正者。以內外皆離體。故不以五當陽位也。虞氏以爲五伏陽出。正義以爲非陰陽之正。乃事理之正。程子以爲離主于所麗。麗于正位。乃爲正也。說各不同。學者詳之。

彖下傳

咸。感也。柔上而剛下。二氣感應以相與。止而說。男下女。是以亨、利貞、取女吉也。天地感而萬物化生。聖人感人心而天下和平。觀其所感而天地萬物之情可見矣。

柔上謂兑。剛下謂艮。山澤通氣。故以二氣感應喻男女相與。上世劫婚。少進買婦。皆男子以其勢力陵壓婦女者。茲則不然。以情感相愛說。古人視之。殆將有世變之嘆。故謂之男下女、取女吉也。聖人以禮樂化民。移風易俗。天下皆寧。故曰感人心而天下和平。程子曰。「既言男女相感之義。復推極感道以盡天地之理。聖人之用也。」

恆。久也。剛上而柔下。雷風相與。巽而動。剛柔皆應。恆。恆亨无咎、利貞。久於其道也。天地之道恆久而不已也。利有攸往。終則有始也。日月得天而能久照。四時變化而能久成。聖人久於其道而天下化成。觀其所恆而天地萬物之情可見矣。

正義曰。「震剛而巽柔。震尊在上。巽卑在下。得其敘矣。」九家易曰。「初四二五雖不正而剛柔皆應。」正義曰。「六爻剛柔皆相應和无孤媲也。」久於其道。終也。利有攸往。始也。動靜相生。循環无端。此所以爲恆久也。朱子曰。「此極言恆久之道。」

遯亨。遯而亨也。剛當位而應。與時行也。小利貞。浸而長也。遯之時義大矣哉。

君子懲亂政。小人困誅求。見幾而作。此遯而亨也。虞翻曰。「剛謂五而應二。」正義曰。「陰道初始浸長。正道亦未全滅。故曰小利貞。」

大壯。大者壯也。剛以動。故壯。大壯利貞。大者正也。正大而天地之情可見矣。

虞翻曰。「壯。傷也。」四時並進以消二陰之象。荀爽曰。「乾剛震動。陽從下升。」

晉。進也。明出地上。順而麗乎大明。柔進而上行。是以康侯用錫馬蕃庶、晝日三接也。

說文。晉。進也。日出而萬物進。離上坤下。故曰明出地上。順謂坤也。六五以陰爻而居尊位。故柔進而上行。

明入地中。明夷。內文明而外柔順。以蒙大難。文王以之。利艱貞。晦其明也。內難而能正其志。箕子以之。

蒙大難謂遭紂之亂而見囚也。虞翻曰。「箕子。紂諸

父。故稱內難。」彖傳以箕子與文王並舉。明爲紂諸父

无疑。趙賓之異說。亦不爲虞氏所取也。惠氏申趙氏

文。以假借爲說。皆好奇之過。

家人、女正位乎內。男正位乎外。男女正。天地之大義

也。家人有嚴君焉。父母之謂也。父父、子子、兄兄、

弟弟、夫夫、婦婦、而家道正。正家而天下定矣。

王弼曰。「內外謂二五也。家人之義。以內爲本者也。

故先說女矣。」李鼎祚曰。「二五相應爲卦之主。父母

之謂也。」男女內外。分業之始也。而父母同稱嚴君。

不使男子專家政。則贊易者之意居可知矣。正義曰。

「上明義。均天地。下言道。齊邦國。」由家人之義以極論之矣。而先儒必謂爻中有父子兄弟夫婦之象。乾父、艮子、震兄、艮弟、震夫、巽婦。然卦體无乾震艮。則謂本自遯來。更謂「三動時震。」如此牽合。則亦何卦不可通邪。朱子又推卦畫有此象。說雖不同。同爲穿鑿。

睽。火動而上。澤動而下。二女同居。其志不同行。說而麗乎明。柔進而上行。得中而應乎剛。是以小事吉。天地睽而其事同也。男女睽而其志通也。萬物睽而其事類也。睽之時用大矣哉。

離爲火。兌爲澤。離爲中女。兌爲少女。一動而上。一動而下。无相成之道。故曰同居其志不同行也。柔進謂五。應剛謂二也。虞氏謂「應乾五伏陽。非應二。」不知本卦已明。无待變也。愚故不取。萬物並生。相競相助而成宇宙。故曰睽而類也。

蹇。難也。險在前也。見險而能止。知矣哉。蹇利西南。往得中也。不利東北。其道窮也。利見大人。往有功也。當位貞吉。以正邦也。蹇之時用大矣哉。

正義曰。「有險有止。以釋蹇名。」薛溫其曰。「諸卦皆指內爲來。外爲往。則此往得中謂五也。蹇解相循。

覆視蹇卦則爲解。九二得中。則曰其來復吉、乃得中也。往者得中。中在外也。來者得中。中在內也。」程傳曰。「蹇之諸爻。除初爻外。餘皆當正位。故爲貞正而吉也。初六以陰居陽而處下。亦陰之正也。」

解。險以動。動而免乎險。解。解利西南。往得衆也。其來復吉。乃得中也。有攸往夙吉。往有功也。天地解而雷雨作。雷雨作而百果草木皆甲坼。解之時大矣哉。

王弼曰。「動乎險外。故謂之免。免險則解。故謂之解。」程傳曰。「坎險震動。險以動也。不險之非難不動。則不能出難。動而出于險外。是以免乎險難也。故爲解。」折中曰。「蹇解之得中者。但取其進退之合宜耳。諸家必以坤坎艮之象求之。鑿也。」

損。損下益上。其道上行。損而有孚。元吉、无咎、可貞、利有攸往、曷之用、二簋可用享。二簋應有時。損剛益柔有時。損益盈虛。與時偕行。

益。損上益下。民說无疆。自上下下。其道大光。利有攸往。中正有慶。利涉大川。木道乃行。益動而巽。日進无疆。天施地生。其益无方。凡益之道。與時偕行。

先儒謂三陰三陽之卦。皆自泰否來。程子不信卦變。而于損益二卦。不能不用升降之說。則以彖傳明言損益上下。似以升降說爲最切也。夫卦各有體。豈待他來。象傳祇就卦名釋義耳。既名損益。即以損益字立說。各卦皆然。非爻象能有損益也。舊說紛紜。存而不論。庶幾簡易耳。宋衷曰。「明君之德。必須損己而利人。則下盡益矣。」向秀曰。「明王之道志在惠下。故取下謂之損。與下謂之益。」民貴君輕之義。贊易者早言之矣。損益二卦。皆謂與時偕行者。无論損下益上。或損上益下。皆不可偏執。宜隨時應。方免流弊。故兩戒之。

夬。決也。剛決柔也。健而說。決而和。揚于王庭。柔乘五剛也。孚號有厲。其危乃光也。告自邑、不利即戎。所尙乃窮也。利有攸往。剛長乃終也。

五陽在下。一陰在上。陰消陽息之卦。故剛能決柔也。

決者。斷也。

姤。遇也。柔遇剛也。勿用取女。不可與長也。天地相遇。品物咸章也。剛遇中正。天下大行也。姤之時義大矣哉。

姤以一陰在下五陽在上。先儒以爲「一女遇五男。苟相遇非禮之正。」此非雅言也。程傳謂「一陰方生。始與陽遇。」以見陽始消陰始息之義。其說爲長。室家之宜。在相長養。今乃不可與長。故曰勿用取女。

萃。聚也。順以說。剛中而應。故聚也。王假有廟。致孝享也。利見大人亨。聚以正也。用大牲吉、利有攸往。順天命也。觀其所聚而天地萬物之情可見矣。

坤順兌說。剛中謂五與二應也。古之國彝器重寶藏于太廟。子入太廟每事問。故曰觀其所聚也。

柔以時升。巽而順。剛中而應。是以大亨。用見大人勿恤。有慶也。南征吉。志行也。

巽巽坤順。剛中謂二與五應也。

困。剛揜也。險以說。困而不失其所亨。其惟君子乎。貞大人吉。以剛中也。有言不信。尚口乃窮也。

揜者。困迫不能升也。剛揜者。王弼曰。「剛見揜于柔也。」坎剛居下。兌柔居上。故曰剛揜也。剛中謂二五。皆以陽爻而上揜于陰。亦剛揜也。君子固窮。顏淵在陋巷不改其樂。尚口乃窮者。口給之屢憎于人也。

巽乎水而上水。井。井養而不窮也。改邑不改井。乃以剛中也。汔至、亦未繘井。未有功也。羸其瓶。是以凶也。

巽乎水而上水。猶言入水復出水耳。汲井之象也。不言入而言巽者。以卦從巽也。繫辭釋八卦性情。乾健坤順。皆從音訓。巽之爲入。聲韻不近。蓋借巽爲遜。有退入之意故也。此以卦體而兼釋卦德也。鄭氏以巽爲水。又以互體離兑説汲水。何其鑿也。

革。水火相息。二女同居。其志不相得。曰革。已日乃孚。革而信之。文明以説。大亨以正。革而當。其悔乃亡。天地革而四時成。湯武革命。順乎天而應乎人。革之時大矣哉。

水上火下。則水蒸成氣。不則火滅氣冷。皆變革之象。取義甚顯。无待變遯通蒙也。睽革皆以二女爲言。然相違爲睽。相息爲革。朱子曰。「息。滅息也。又爲生息之義。滅息而後生息也。」顧亭林曰。「成湯放桀于南巢。惟有慙德。是有悔也。天下信之。其悔亡矣。四海之內。皆曰非富天下也。爲匹夫匹婦復讎也。故曰信之也。」

鼎。象也。以木巽火。亨。飪也。聖人亨以享上帝。而大亨以養聖賢。巽而耳目聰明。柔進而上行。得中而應乎剛。是以元亨。

俞樾曰。「說文。像。象也。讀若養字之養。鼎以養人。故曰象也。」太羹玄酒。以享上帝。禮貴誠敬。兼循前世尚質之俗。不以後人精饌薦之鬼神也。至于養賢。則饔飧牢醴。當極其盛。故曰大亨。非薄上帝而厚聖賢也。事則然也。荀爽曰。「巽入離下。中有乾。象木。火在外。金在其內。鼎鑊烹飪之象。」程子曰。「下體巽順。離明而中虛于上。爲耳目聰明之象。凡離在上者。皆曰柔進而上行。」劉氏曰。「以柔居中。下應九二之剛。」

震亨、震來虩虩。恐致福也。笑言啞啞。後有則也。震驚百里。驚遠而懼邇也。出可以守宗廟社稷。以爲祭主也。

正義曰。「由懼得通。故曰震亨。威震之來。初雖恐懼。因懼自脩。所以致福也。」雷震之威。有似帝王。

故曰出可以守宗廟社稷以爲祭主也。先儒以序卦有主器莫若長子之語。遂附會長子守國之義。未可信也。象傳于震。祇言其德。不言其體。而虞氏必謂從臨來。何迂曲也。郭京謂出可以守宗廟杜稷、上有不傷匕鬯四字。程子朱子均用其說。理或然也。

艮。止也。時止則止。時行則行。動靜不失其時。其道光明。艮其止。止其所也。上下敵應。不相與也。是以不獲其身、行其庭、不見其人、无咎也。

以止訓艮者。釋名也。以下極言止道之光明。項安世曰。「卦辭爲艮其背。傳爲艮其止。晁氏說之曰。傳亦當爲艮其背。自王弼以前。无艮其止之說。今案古文背字爲北。有譌爲止字之理。」愚按項氏說是也。李氏集解引虞翻曰。「艮其背。背也。兩象相背。故不相與也。」是虞本正作背。上下敵應。正釋相背之義。不然。八純之卦。皆六爻不應。似不當獨于此卦言之。蓋以此卦有相背義耳。正義循王本之誤。曲爲之辭。未可信也。

漸。之進也。女歸吉也。進得位。往有功也。進以正。可以正邦也。其位。剛得中也。止而巽。動不窮也。

朱子曰。「之字疑衍。或是漸字。」愚按或說是也。古文重字作＝。因謞爲之也。郭雍曰。「傳言漸之進如女之歸。則吉。所以明卦辭也。」梁寅曰。「卦自二至五。陰陽各得正位。此所以進而有功也。進得位以位言。進以正以道言。」進字之義由漸字來。非爻有進退也。先儒謂三陰三陽之卦。皆從泰否來。故虞氏謂三進四得位。然何不云四退三得位邪。知其鑿矣。剛得中謂九五也。

歸妹。天地之大義也。天地不交而萬物不興。歸妹。人之終始也。說以動。所歸妹也。征凶。位不當也。无攸利。柔乘剛也。

震長男。兌少女。以女下男。贅婿之象。社會演進。女權先于男權。故歸妹之義。上世所通行也。歸妹者女之終。生育者人之始。王蕭曰。「男女交而人民蕃。天地交然後萬物興。」此極論歸妹之義。虞氏乃謂自泰來。不知泰卦天地已交矣。何待三之四哉。卦變之說。徒亂人意耳。又謂此卦震上兌下。互有離坎。最備四時正卦。說固巧合。然與歸妹何關哉。崔憬曰。「中四爻皆失位。故征凶也。」

豐。大也。明以動。故豐。王假之。尙大也。勿憂、宜日中。宜照天下也。日中則昃。月盈則食。天地盈虛。

與時消息。而況於人乎。況於鬼神乎。
明謂離也。動謂震也。明以動者。日行中天之象。此以二體明卦義也。先民觀于日食巨變。而感盈虛消息之理。示人以豐大時宜知戒也。先儒以四上之五成既濟。得其盛大。何委曲也。

旅小亨。柔得中乎外而順乎剛。止而麗乎明。是以小亨、旅貞吉也。旅之時義大矣哉。

柔得中乎外者。謂六五也。順乎剛者。謂外卦之上下皆陽爻也。止謂艮也。麗乎明謂離也。

重巽以申命。剛巽乎中正而志行。柔皆順乎剛。是以小亨、利有攸往、利見大人。

陸績曰。「巽爲命令。」荀爽曰。「巽爲號令。」此即所謂上以風化下也。重巽隨風。故爲申命。何楷曰。「成卦之主。在初與四。陰始生而陽巽之。」二五其最近者也。剛巽乎中正。則不暴疾以忤物。故命不下格而志可行。初四各處卦下。柔皆順剛。无有違逆。所以教命得申。成小亨以下之義也。

兌。說也。剛中而柔外。說以利貞。是以順乎天而應乎人。說以先民。民忘其勞。說以犯難。民忘其死。說之大。民勸矣哉。

説釋論説。古祇作兑。此以今字釋古字也。虞翻曰。「剛中謂二五。柔外謂三上。」此釋卦體也。以下極論兑説之道。説釋其民。使民相勸。贊易者蓋深知民治之精神矣。

渙亨。剛來而不窮。柔得位乎外而上同。王假有廟。王乃在中也。利涉大川。乘木有功也。

王弼曰。「二以剛來居内而不窮于險。四以柔得位乎外而于上同。内剛而无險困之難。外順而无違逆之乖。是以亨也。」虞翻曰。「巽木坎水。故乘木有功。」繫辭十三卦舟楫之利取諸渙。亦以此也。卦象之説多穿鑿。

此獨明顯。似不可廢。王不用象。直取況喻之義。无乃太過與。

節亨。剛柔分而剛得中。苦節不可貞。其道窮也。說以行險。當位以節。中正以通。天地節而四時成。節以制度。不傷財。不害民。

剛柔分解在噬嗑。剛得中及當位。皆謂九五。以下極論節止之義。

中孚。柔在內而剛得中。說而巽。孚。乃化邦也。豚魚吉。信及豚魚也。利涉大川。乘木舟虛也。中孚以利貞。乃應乎天也。

王肅曰。「三四在內。二五得中。兌說而巽。順乎孚也。」及。至也。信及豚魚者。以孚爲信義。因極言信之至。非謂卦中有豚魚象也。祭享之薄。至如豚魚亦足昭信也。涉川者。有徒涉。有杠梁。有舟楫。而舟楫始于空木之兪。此即所謂舟虛也。王肅曰。「中孚之象。外實內虛。有似可乘虛木之舟也。」溫公易說曰。「至誠以涉險。如乘虛舟。物莫之害。」

小過。小者過而亨也。過以利貞。與時行也。柔得中。是以小事吉也。剛失位而不中。是以不可大事也。有飛鳥之象焉。飛鳥遺之音、不宜上、宜下、大吉。上逆而下順也。

正義曰。「二五以柔居中。」程傳曰。「三不中。四失位。」宋衷曰。「二陽在內。上下各陰。有似飛鳥舒翮之象。」以下皆釋飛鳥。

既濟亨。小者亨也。利貞。剛柔正而位當也。初吉。柔得中也。終止則亂。其道窮也。

六爻得位。故利貞。柔得中者。謂二也。道窮于大川。亂流而濟。雖窮何害矣。

未濟亨。柔得中也。小孤汔濟。未出中也。濡其尾、无攸利。不續終也。雖不當位。剛柔應也。

柔得中謂五也。剛柔相應而皆不以正。未濟之象也。

象上傳

天行健。君子以自強不息。潛龍勿用。陽在下也。見龍在田。德施普也。終日乾乾。反復道也。或躍在淵。進无咎也。飛龍在天。大人造也。亢龍有悔。盈不可久也。用九。天德不可爲首也。

天體運行。晝夜不息。周而復始。无少差忒。故曰天行健。君子法之。以此自勉。不敢或懈也。君子。貴而在位者也。有時亦兼指懷道抱德之士。讀者宜隨文辨之。此通論一卦之德。不必有所專指。先儒輒舉一爻實之。

何其鑿也。

地勢坤。君子以厚德載物。履霜堅冰。陰始凝也。馴至其道。至堅冰也。六二之動。直以方也。不習无不利。地道光也。含章可貞。以時發也。或從王事。知光大也。括囊无咎。愼不害也。黃裳元吉。文在中也。龍戰于野。其道窮也。用六永貞。以大終也。

觀于近地。則陂陀起伏。勢至不順。然統察坤輿。則摶茫茫。以漸而圜。勢又至順也。故曰地勢順也。馴順也。順循道途。以至極北。則堅冰峨峨。終歲不消。以此知地之廣大也。先儒謂盛夏言冰。陰氣始生。則應云馴至其時。今云馴至其道。知其以地言矣。光。廣也。大地既廣博。則王事繁多。俊秀之士。不免賢勞。故曰或從王事知光大也。初六履霜。見魏志文帝紀注引。沙隨程迥及朱文公皆從之。然後漢書引已作履霜堅冰。則今本亦未可遽非也。

雲雷。屯。君子以經綸。雖磐桓。志行正也。以貴下賤。大得民也。六二之難。乘剛也。十年乃字。反常也。即鹿无虞。以從禽也。君子舍之。往吝窮也。求而往。明也。屯其膏。施未光也。泣血漣如。何可長也。

上雲下雷。畜電未發。屯難之象。經綸。匡濟也。雷雨者。天地之經綸也。禮樂政教者。君子之經綸。皆所以濟屯也。先儒或以爲「經綸者。常理也。」考之文義。似非也。古者貴賤隔越。時虞陵壓。今貴能下賤。民治申矣。故曰大得民也。光。廣也。屯其膏者。言膏澤之施于民者未廣也。

山下出泉。蒙。君子以果行育德。利用刑人。以正法也。子克家。剛柔接也。勿用取女。行不順也。困蒙之吝。獨遠實也。童蒙之吉。順以巽也。利用禦寇。上下順也。

泉爲水之始。蒙爲物之稚。故取之以爲象。王引之曰。

「果育。皆成也。」君子觀于童蒙而望其德行之成。法。範也。教養童蒙。貴順而性。故曰順巽也。強寇侵陵。國家危殆。禦侮救亡。貴在同心。故曰上下順也。

雲上於天。需。君子以飲食宴樂。需于郊。不犯難行也。利用恆无咎。未失常也。需于沙。衍在中也。雖小有言。以吉終也。需于泥。災在外也。自我致寇。敬慎不敗也。需于血。順以聽也。酒食貞吉。以中正也。不速之客來。敬之終吉。雖不當位。未大失也。

宋衷曰。「雲上於天。順時而降。」需之象也。需者事之賊也。君子敏則有功。无所用需。惟其于飲食宴樂也。則應遲迴瞻顧。有所須待。酒清肴乾。終日百拜。需也。天下以樂。而後鐘鼓田獵。需也。如此乃无從欲敗度之愆。此大象之義也。此說略本王夫之周易內傳。似較各家爲勝。虞氏謂「坎水兌口。水流入口爲飲。二失位變體噬嗑爲食。陽在內稱宴。大壯震爲樂。」純以卦變卦象爲說。最爲支離。衍謂游衍不上進。荀爽曰。「知前有沙漠而不進。」蹔濡非久駐。故曰衍在中道耳。種人不審。遽起爭執。既知其蹔留。自相諒矣。此所謂小有言而終吉也。

天與水違行。訟。君子以作事謀始。不永所事。訟不可長也。雖小有言。其辯明也。不克訟。歸逋竄也。自下訟上。患至掇也。食舊德。從上吉也。復即命渝。安貞不失也。訟元吉。以中正也。以訟受服。亦不足敬也。

先儒謂天與水違行者。天左旋。水東注。正義曰。「象人彼此兩相乖戾。」此爭之端。有爭端而後有訟。君子當防此訟端。故作事謀其始。程子曰。「謀始之義廣矣。若慎交結朋契券之類是也。」

地中有水。師。君子以容民畜衆。師出以律。失律凶也。在師中吉。承天寵也。王三錫命。懷萬邦也。師或輿尸。大无功也。左次无咎。未失常也。長子帥師。以中行也。弟子輿尸。使不當也。大君有命。以正功也。
小人勿用。必亂邦也。
陸績曰。「坤中衆者莫過于水。有師之象。水附地而流。振之而不洩。君子觀此。故寓師衆于人民。」朱子曰。「兵不外于民。能養民則可以得衆矣。」長子帥師。壯者仍從役也。弟子輿尸。弱者歸國殤也。民萌而與建國之事。古人所懼。故曰亂邦。
地上有水。比。先王以建萬國。親諸侯。比之初六。有它吉也。比之自內。不自失也。比之匪人。不亦傷乎。外比於賢。以從上也。顯比之吉。位正中也。舍逆取順。失前禽也。邑人不誡。上使中也。比之无首。无所終也。

何晏曰。「水性潤下。今在地上。更相浸潤。比之義也。」程子曰。「物相親比無間者。莫如水在地上。」萬國諸侯。乃王者之親輔。比之象也。傳中于取象之人。每言君子。此變言先王者。以建國乃王者之事。非君子所預也。

風行天上。小畜。君子以懿文德。復自道。其義吉也。牽復在中。亦不自失也。夫妻反目。不能正室也。有孚惕出。上合志也。有孚攣如。不獨富也。既雨既處。德積載也。君子征凶。有所疑也。

〔詁佚〕

上天下澤。履。君子以辯上下。定民志。素履之往。獨行願也。幽人貞吉。中不自亂也。眇能視。不足以有明也。跛能履。不足以與行也。咥人之凶。位不當也。武人爲于大君。志剛也。愬愬終吉。志行也。夬履貞厲。位正當也。元吉在上。大有慶也。

〔詁佚〕

天地交。泰。后以財成天地之道。輔相天地之宜。以左右民。拔茅征吉。志在外也。包荒得尚于中行。以光大也。无往不復。天地際也。翩翩不富。皆失實也。不戒以孚。中心願也。以祉元吉。中以行願也。城復于隍。其命亂也。

〔詁佚〕

天地不交。否。君子以儉德辟難。不可榮以祿。拔茅貞吉。志在君也。大人否亨。不亂群也。包羞。位不當也。有命无咎。志行也。大人之吉。位正當也。否終則傾。何可長也。

〔詁佚〕

天與火。同人。君子以類族辨物。出門同人。又誰咎也。同人于宗。吝道也。伏戎于莽。敵剛也。三歲不興。安行也。乘其墉。義弗克也。其吉。則困而反則也。同人之先。以中直也。大師相遇。言相克也。同人于郊。志未得也。

〔詁佚〕

火在天上。大有。君子以遏惡揚善。順天休命。大有初九。无交害也。大車以載。積中不敗也。公用亨于天子。小人害也。匪其彭无咎。明辨晢也。厥孚交如。信以發志也。威如之吉。易而无備也。大有上吉。自天祐也。

〔詁佚〕

地中有山。謙。君子以裒多益寡。稱物平施。謙謙君子。卑以自牧也。鳴謙貞吉。中心得也。勞謙君子。萬民服也。无不利撝謙。不違則也。利用侵伐。征不服也。鳴謙。志未得也。可用行師。征邑國也。

〔詁佚〕

雷出地奮。豫。先王以作樂崇德。殷薦之上帝。以配祖考。初六鳴豫。志窮凶也。不終日貞吉。以中正也。盱豫有悔。位不當也。由豫大有得。志大行也。六五貞疾。乘剛也。恆不死。中未亡也。冥豫在上。何可長也。

〔詁佚〕

澤中有雷。隨。君子以嚮晦入宴息。官有渝。從正吉也。出門交有功。不失也。係小子。弗兼與也。係丈夫。志舍下也。隨有獲。其義凶也。有孚在道。明功也。孚于嘉吉。位正中也。拘係之。上窮也。

〔詁佚〕

山下有風。蠱。君子以振民育德。幹父之蠱。意承考也。幹母之蠱。得中道也。幹父之蠱。終无咎也。裕父之蠱。往未得也。幹父用譽。承以德也。不事王侯。志可則也。

〔詁佚〕

澤上有地。臨。君子以教思无窮。容保民无疆。咸臨貞吉。志行正也。咸臨吉无不利。未順命也。甘臨。位不當也。既憂之。咎不長也。至臨无咎。位當也。大君之宜。行中之謂也。敦臨之吉。志在內也。

〔詁佚〕

風行地上。觀。先王以省方觀民設教。初六童觀。小人道也。闚觀女貞。亦可醜也。觀我生進退。未失道也。觀國之光。尚賓也。觀我生。觀民也。觀其生。志未平也。

〔詁佚〕

雷電噬嗑。先王以明罰勑法。屨校滅趾。不行也。噬膚滅鼻。乘剛也。遇毒。位不當也。利艱貞吉。未光也。貞厲无咎。得當也。何校滅耳。聰不明也。

正義曰。「噬嗑之象。在口。雷電非噬嗑之體。但取明罰勑法可畏之義。故連云雷電也。」釋文云。「勑。恥力反。此俗字也。字林作勅。鄭云。勅猶理也。一云整也。」說文作勅。戒也。

山下有火。賁。君子以明庶政。无敢折獄。舍車而徒。

義弗乘也。賁其須。與上興也。永貞之吉。終莫之陵也。六四。當位疑也。匪寇婚媾。終无尤也。六五之吉。有喜也。白賁无咎。上得志也。

王廙曰。「山下有火。文相照也。峰嶺參差。已如彫飾。復加火照。彌見文章。」賁之象也。朱子曰。「山下有火。明不及遠。」僅可施之庶政。庶政。事之小者也。而斷獄則以情實非可虛飾。豈可恃其小明輕自用乎。故不可以賁折獄也。虞氏謂坎爲獄。三在獄得正。故无敢折獄。穿鑿詞也。

山附于地。剝。上以厚下安宅。剝牀以足。以滅下也。

剝牀以辨。未有與也。剝之无咎。失上下也。剝牀以膚。切近災也。以宮人寵。終无尤也。君子得輿。民所載也。小人剝廬。終不可用也。

附。著也。山附于地。卓立之象。朱子曰。「上謂人君與居人上者。」觀剝之象。而知厚培其基。以立家室。大象多別明一義。與卦爻各辭不必盡同。先儒必欲牽合以下剝上之義。以謂「貴附于賤。君不能制臣。君當厚錫于下。賢當卑降于愚。然後得安其居。」附會之辭。似非傳旨。

雷在地中。復。先王以至日閉關。商旅不行。后不省方。不遠之復。以脩身也。休復之吉。以下仁也。頻復之厲。義无咎也。中行獨復。以從道也。敦復无悔。中以自考也。迷復之凶。反君道也。

復之得名。以一陽始生。天行反復也。雷在地中。雖未發聲。而反復之機。伏于是焉。閉關不行。后不省方者。則專取蟄伏之象。至日。冬至之日。言至日。概乎至日以後之辭也。冬至之後。寒氣方盛。民當入室。塞向墐户。上世交通。本未大便。至是而風雪交侵。行人有迷蹈之患。故先王閉關以戒之也。商旅嗜利輕死。省方勞民迎候。故皆禁止之。後世舟車之利既興。雖祁寒烈例。亦不足以阻輪楫之往來。而說者猶舉陰陽反復之義爲說。迂矣。先王定制。後王遵行。故上言先王。下言后也。

天下雷行。物與无妄。先王以茂對時育萬物。无妄之往。得志也。不耕穫。未富也。行人得牛。邑人災也。可貞无咎。固有之也。无妄之藥。不可試也。无妄之行。窮之災也。

虞翻曰。「與謂舉也。」雷行于天下。驚蟄震萌。發生萬物。洪纖高下。各正其性命。是物舉无妄也。茂猶蕃也。亦滿也。對猶應也。時。天時也。先王法此以應天時而養萬物也。宋儒謂易之无妄。即中庸之誠。至誠盡性。參贊化育。則又推廣而極論之者也。

天在山中。大畜。君子以多識前言往行。以畜其德。有厲利已。不犯災也。輿說輹。中无尤也。利有攸往。上合志也。六四元吉。有喜也。六五之吉。有慶也。何天之衢。道大行也。

朱子曰。「天在山中。不必實有是事。但以象言之耳。」識。記也。上世荒昧。書契未作。前言往行。傳于十口。衆庶顓蒙。時有不能荷此學識者。惟君子爲能之。將以自畜其德。兼以畜其種人。故君子爲世所貴。

亦史家之先河也。

山下有雷。頤。君子以愼言語。節飲食。觀我朵頤。亦不足貴也。六二征凶。行失類也。十年勿用。道大悖也。顚頤之吉。上施光也。居貞之吉。順以從上也。由頤厲吉。大有慶也。

劉表曰。「山止於上。雷動於下。頤之象也。」言語飲食。皆口舌所司。故于頤卦戒其愼節也。

澤滅木。大過。君子以獨立不懼。遯世无悶。藉用白茅。柔在下也。老夫女妻。過以相與也。棟橈之凶。不可以有輔也。棟隆之吉。不橈乎下也。枯楊生華。何可久也。老婦士夫。亦可醜也。過涉之凶。不可咎也。

復古之初。人類未生。豐林長草。徧被大地。會遭冰川洪水之難。而林木覆沒。億萬年後。變爲煤臬。易之所謂澤滅木大過者是也。生稊生華。家室乖也。棟橈滅頂。行處皆凶也。生世如此。豈可與之和同。君子益勵其操。故曰獨立不懼、遯世无悶。皆大過而君子无失也。

水洊至。習坎。君子以常德行。習教事。習坎入坎。失道凶也。求小得。未出中也。來之坎坎。終无功也。樽酒簋貳。剛柔際也。坎不盈。中未大也。上六失道。凶三歲也。

洊。說文作瀳。水至也。爾雅作荐。再也。朱子曰。「治己治人。皆必重習。然後熟而安之。」司馬溫公曰。「水之流也。習而不已。以成大川。人之學也。習而不已。以成大賢。」

明兩作離。大人以繼明照于四方。履錯之敬。以辟咎也。黃離元吉。得中道也。日昃之離。何可久也。突如其來如。无所容也。六五之吉。離王公也。王用出征。以正邦也。

離爲火。光明之象。鄭云。「作。起也。」重離。故曰明兩作。天地間之大明。无過日月。大人法之。發政施仁。播諸四國。故曰以繼明照于四方。程子曰。「大人。以德言則聖人。以位言則王者。」

象下傳

山上有澤。咸。君子以虛受人。咸其拇。志在外也。雖凶居吉。順不害也。咸其股。亦不處也。志在隨人。所執下也。貞吉悔亡。未感害也。憧憧往來。未光大也。咸其脢。志末也。咸其輔頰舌。滕口說也。

崔憬曰。「山高而降。澤下而升。山澤通氣。咸之象也。」澤藪。禽獸所歸。君子法之。虛懷應世而受人之益。脢。背肉也。感覺最鈍。故曰志末也。謂不能感物也。滕騰通用。

雷風恆。君子以立不易方。浚恆之凶。始求深也。九二悔亡。能久中也。不恆其德。无所容也。久非其位。安得禽也。婦人貞吉。從一而終也。夫子制義。從婦凶也。振恆在上。大无功也。

雷以震之。風以養之。天地萬物。不能離雷風以爲生。此亘古恆常之道也。宋衷曰。「君子象之。以立身守節而不易道也。」或說立身失節爲反經合道。非易義也。上古遊獵。居无定所。進而耕稼。乃不復遷。婦人從一之義。亦自此漸定。此皆緣于治生之術。自然演進。而後世以爲義所應爾。以強婦女。惑已。

天下有山。遯。君子以遠小人。不惡而嚴。遯尾之厲。不往何災也。執用黃牛。固志也。係遯之厲。有疾憊也。畜臣妾吉。不可大事也。君子好遯。小人否也。嘉遯貞吉。以正志也。肥遯无不利。无所疑也。

天下有山。謂山高峻極于天也。山雖高峻。未嘗絕人。而自不可攀躋。有不惡而嚴之象。先儒以天喻君子。山比小人。小人浸長。若山之侵天。君子遯避。若天之遠山。說甚迂曲。似未可信。

雷在天上。大壯。君子以非禮弗履。壯于趾。其孚窮也。九二貞吉。以中也。小人用壯。君子罔也。藩決不羸。尚往也。喪羊于易。位不當也。不能退、不能遂。不詳也。艱則吉。咎不長也。

崔憬曰。「雷至于上。能助天威。大壯之象。」迅雷風烈必變。持之以敬也。君子修身克己。時懍天威。不敢履非禮。

明出地上。晉。君子以自昭明德。晉如摧如。獨行正也。裕无咎。未受命也。受茲介福。以中正也。衆允之。志上行也。鼫鼠貞厲。位不當也。失得勿恤。往有慶也。維用伐邑。道未光也。

王弼曰。「以順著明。自顯之道。」正義曰。「謂自顯明其德也。」司馬溫公曰。「君子進其明德。如日之升也。」未受命者。受上命然後可進。无命而進。凶道也。

明入地中。明夷。君子以莅衆用晦而明。君子于行。義不食也。六二之吉。順以則也。南狩之志。乃大得也。入于左腹。獲心意也。箕子之貞。明不可息也。初登于天。照四國也。後入于地。失則也。

莅。說文作竦。臨也。莅衆用晦而明者。民愚。難于慮始。可使由之。不可使知之。及其成功而歌頌歸焉。故曰莅衆用晦而明也。先儒或謂絀聰塞明。无爲自化。此道家緒餘。非易旨也。

風自火出。家人。君子以言有物而行有恆。閑有家。志未變也。六二之吉。順以巽也。家人嗃嗃。未失也。婦子嘻嘻。失家節也。富家大吉。順在位也。王假有家。交相愛也。威如之吉。反身之謂也。

王弼曰。「火因風熾。内外相成。有似家人義。」俞琰曰。「齊家之道。自修身始。而修身以言行爲先。」卦之取象。不過如此。而馬融謂「火以木爲家。」附會五行。深可笑哂。言有物。不虛言也。行有恆。不變節也。張根曰。「家人之終。不弛其嚴。疑若有悔。惟反身以率之。此所以信服而无怨也。」

上火下澤。睽。君子以同而異。見惡人。以辟咎也。遇主于巷。未失道也。見輿曳。位不當也。无初有終。遇剛也。交孚无咎。志行也。厥宗噬膚。往有慶也。遇雨之吉。群疑亡也。

荀爽曰。「火性炎上。澤性潤下。故曰睽也。」同謂不與世道乖忤。異謂不弁阿徇衆。言和而不流也。

山上有水。蹇。君子以反身修德。往蹇來譽。宜待也。

王臣蹇蹇。終无尤也。往蹇來反。內喜之也。往蹇來連。當位實也。大蹇朋來。以中節也。往蹇來碩。志在內也。利見大人。以從貴也。

程傳曰。「山之險阻。上復有水。坎水。險陷之象。上下險阻。故爲蹇也。」君子遇艱阻。必反求諸己而益自修。孟子曰。「行有不得者。皆反求諸己。」

雷雨作。解。君子以赦過宥罪。剛柔之際。義无咎也。九二貞吉。得中道也。負且乘。亦可醜也。自我致戎。又誰咎也。解而拇。未當位也。君子有解。小人退也。公用射隼。以解悖也。

趙汝楳曰。「雷者天之威。雨者天之澤。威中有澤。猶刑獄之有赦宥。」月令。仲春之月。始雨水。雷乃發聲。是月也。安萌芽。養幼少。存諸孤。命有司省囹圄。去桎梏。毋肆掠。止獄訟。

山下有澤。損。君子以懲忿窒欲。已事遄往。尙合志也。九二利貞。中以爲志也。一人行。三則疑也。損其疾。亦可喜也。六五元吉。自上祐也。弗損益之。大得志也。

山下有澤。寖被侵蝕。損下之象。懲。澂清也。忿。悁怒也。窒。憤止也。欲。貪欲也。朱子曰。「君子修身所當損者。莫切于此。」

風雷益。君子以見善則遷。有過則改。元吉无咎。下不厚事也。或益之。自外來也。益用凶事。固有之也。告公從。以益志也。有孚惠心。勿問之矣。惠我德。大得志也。莫益之。偏辭也。或擊之。自外來也。

朱子曰。「風雷之勢。交相助益。遷善改過。益之大者。而其相益亦猶是也。」法家或謂「雷動風行。三上失位。」此何以見爲益象而遷善改過邪。升降之說。其難信類如此。

澤上於天。夬。君子以施祿及下。居德則忌。不勝而往。咎也。有戎勿恤。得中道也。君子夬夬。終无咎也。其行次且。位不當也。聞言不信。聰不明也。中行无咎。中未光也。无號之凶。終不可長也。

陸績曰。「水氣上天。決降成雨。故曰夬。」施祿及下。天降雨澤之象也。書契既作。發號施仁。君子蓋有取于夬焉。居讀若奇貨可居之居。則。先儒以爲明字。是也。忌。禁也。居德者多識前言往行也。明禁者嚴斷以絕惡也。恩威並立。王政乃行。

天下有風。姤。后以施命誥四方。繫于金柅。柔道牽也。包有魚。義不及賓也。其行次且。行未牽也。无魚之凶。遠民也。九五含章。中正也。有隕自天。志不舍命也。姤其角。上窮吝也。

王命遠播。風行天下之象。翟玄曰。「天下有風。風无不周布。故君以施令告化四方之民矣。」程傳曰。「風行地上。偏觸萬物則爲觀。經歷觀省之象也。行于天下。周偏四方則爲姤。施發命令之象也。諸象或稱先王。或稱后。或稱君子大人。稱先王者。先王所以立法制。建國、作樂、省方、勅法、閉關、育物、享帝皆是也。稱后者。后王之所爲也。財成天地之道。施命誥四方也。君子則上下之通稱。大人者王公之通稱。」愚按又有稱上者。見剝卦。詳剝卦注。
澤上於地。萃。君子以除戎器。戒不虞。乃亂乃萃。其志亂也。引吉无咎。中未變也。往无咎。上巽也。大吉无咎。位不當也。萃有位。志未光也。齎咨涕洟。未安上也。
荀爽曰「澤者卑下。流潦歸之。萬物生焉。故謂之萃也。」王弼曰。「聚而无防。則衆生心。」虞翻曰。「除修戎兵也。」正義曰。「君于此時修治戎器。以戒備不虞也。」
地中生木。升。君子以順德。積小以高大。允升大吉。

上合志也。九二之孚。有喜也。升虛邑。无所疑也。王用亨于岐山。順事也。貞吉升階。大得志也。冥升在上。消不富也。

正義曰。「地中生水。始于微細。以至高大。爲升象也。君子象之。積其小善以成大名。故繫辭曰。善不積不足以成名。是也。」朱子曰。「王肅本順作愼。今案他書引此亦多作愼。意尤明白。蓋古字通用也。」

澤无水。困。君子以致命遂志。入于幽谷。幽不明也。困于酒食。中有慶也。據于蒺藜。乘剛也。入于其宮。不見其妻。不祥也。來徐徐。志在下也。雖不當位。有與也。劓刖。志未得也。乃徐有說。以中直也。利用祭祀。受福也。困于葛藟。未當也。動悔有悔。吉行也。

澤而无水。則澤枯竭矣。困之象也。王弼曰。「處困而屈其志者。小人也。君子固窮。道可忘乎。」朱子曰。「致命猶言授命。言持以與人而不之有也。能如是則雖困而亨矣。」

木上有水。井。君子以勞民勸相。井泥不食。下也。舊井无禽。時舍也。井谷射鮒。无與也。井渫不食。行惻也。求王明。受福也。井甃无咎。脩井也。寒泉之食。中正也。元吉在上。大成也。

鄭玄曰。「木。桔槔也。」朱子曰。「木上有水。津潤上行。井之象也。」兩說不同。朱爲精深。然與勞民勸相義遠。不如鄭說顯切也。相。助也。汲井泉者。邪許相助。君子法之。以勞民勸相。勞民者。不使民萌逸居而无教也。勸相者。鄰里相助以共養也。

澤中有火。革。君子以治歷明時。鞏用黃牛。不可以有爲也。已日革之。行有嘉也。革言三就。又何之矣。改命之吉。信志也。大人虎變。其文炳也。君子豹變。其文蔚也。小人革面。順以從君也。

崔憬曰。「火就燥。澤資濕。二物不相得。終宜易之。

故曰澤中有火、革也。」虞翻曰。「歷象。日月星辰也。天地革而四時成。故君以治歷明時也。」天行以漸。變于人所不覺。義和寅賓而後知其有常。然餘分閏位。時零不齊。不有疇人專守。則積久而差。故君子觀于革。而知歷之應治。

木上有火。鼎。君子以正位凝命。鼎顚趾。未悖也。利出否。以從貴也。鼎有實。愼所之也。我仇有疾。終无尤也。鼎耳革。失其義也。覆公餗。信如何也。鼎黃耳。中以爲實也。玉鉉在上。剛柔節也。

朱子曰。「鼎。重器也。故有正位凝命之意。凝猶至道不凝焉之凝。傳所謂協于上下以承天休者也。」

洊雷震。君子以恐懼脩省。震來虩虩。恐致福也。笑言啞啞。後有則也。震來厲。乘剛也。震蘇蘇。位不當也。震遂泥。未光也。震往來厲。危行也。其事在中。大无喪也。震索索。中未得也。雖凶无咎。畏鄰戒也。

洊。重也。雷震因仍而至。殛物殺人。驚遠懼邇。其威愈盛。先民之所寅畏也。詩曰。畏天之威。于時保之。故恐懼而脩省也。

兼山艮。君子以思不出其位。艮其趾。未失正也。不拯其隨。未退聽也。艮其限。危薰心也。艮其身。止諸躬也。艮其輔。以中正也。敦艮之吉。以厚終也。

兼山嶽嶽。巍然靜止。君子法之。盡分守位。

山上有木。漸。君子以居賢德善俗。小子之厲。義无咎也。飲食衎衎。不素飽也。夫征不復。離群醜也。婦孕不育。失其道也。利用禦寇。順相保也。或得其桷。順以巽也。終莫之勝吉。得所願也。其羽可用爲儀吉。不可亂也。

楊氏曰。「地中生木。以時而升。山上有木。其進以漸。君子當漸進之時。不可不愼。必有賢德善俗而後居之。」荀子勸學篇云。君子居必擇鄉。是其義也。或說。居。讀若奇貨可居之居。君子觀于山木之漸進。亦當培其賢德善俗以漸而進也。郭京謂俗上有風字。或又疑賢德二字衍其一。皆未明居字之義也。素。讀若尸位素餐之素。不素飽者。中心无疚。故衎衎也。

澤上有雷。歸妹。君子以永終知敝。歸妹以娣。以恆也。跛能履。吉相承也。利幽人之貞。未變常也。歸妹以須。未當也。愆期之志。有待而行也。帝乙歸妹。不如其娣之袂良也。其位在中。以貴行也。上六无實。承虛筐也。

澤上有雷。何爲歸妹之象。愚所不詳也。永終猶言偕老。敝字如戰國策嬖色不敝席。寵臣不敝軒之敝。此知敝云者。昏姻得正。則將永終偕老。而知席之必敝也已。先儒于此。各以意見立說。互有不同。今本朱芹禮記。其說敝字之義似勝。不敢隨波增惑也。

雷電皆至。豐。君子以折獄致刑。雖旬无咎。過旬災也。有孚發若。信以發志也。豐其沛。不可大事也。折其右肱。終不可用也。豐其蔀。位不當也。日中見斗。幽不明也。遇其夷主。吉行也。六五之吉。有慶也。豐其屋。天際翔也。闚其戶。闃其无人自藏也。

雷電皆至。威昭並行。豐盛之象。折獄致刑。亦重在威明。故君子法之。李氏集解引孟喜説。際作降。翔作祥。云「天降下惡。祥也。」此與日食之事正合。王弼本既誤爲翔。疏家申之。以爲「如鳥之飛翔于天。」錢大昕謂「失之甚矣。」

山上有火。旅。君子以明愼用刑而不留獄。旅瑣瑣。志窮災也。得童僕貞。終无尤也。旅焚其次。亦以傷矣。以旅與下。其義喪也。旅于處。未得位也。得其資斧。心未快也。終以譽命。上逮也。以旅在上。其義焚也。喪牛于易。終莫之聞也。

侯果曰。「火在山上。勢非長久。旅之象也。」朱子曰。「愼刑如山。不留如火。」既愼且明。斷而能行。

則獄不淹滯矣。

隨風巽。君子以申命行事。進退。志疑也。利武人之貞。志治也。紛若之吉。得中也。頻巽之吝。志窮也。田獲三品。有功也。九五之吉。位正中也。巽在牀下。上窮也。喪其資斧。正乎凶也。

上以風化下。故君子以申命行事。

麗澤兌。君子以朋友講習。和兌之吉。行未疑也。孚兌之吉。信志也。來兌之凶。位不當也。九四之喜。有慶也。孚于剝。位正當也。上六引兌。未光也。

雨澤相麗。互相滋益。朋友講習。其象如此。

風行水上。渙。先王以享于帝立廟。初六之吉。順也。渙奔其机。得願也。渙其躬。志在外也。渙其群元吉。光大也。王居无咎。正位也。渙其血。遠害也。

程傳曰。「風行水上。渙散之象。收合人心。无如宗廟。祭祀之報。出于其心。故享帝立廟。係人心離散之道。无大于此。」

澤上有水。節。君子以制數度。議德行。不出戶庭。知通塞也。不出門庭凶。失時極也。不節之嗟。又誰咎也。安節之亨。承上道也。甘節之吉。居位中也。苦節貞凶。其道窮也。

侯果曰。「澤上有水。以隄防爲節。」數度。出納征役與凡財用之節。德行。官人之節也。用得其當則財足。官得其人則政理。制之議之。貴其中節也。

澤上有風。中孚。君子以議獄緩死。初九虞吉。志未變也。其子和之。中心願也。或鼓或罷。位不當也。馬匹亡。絕類上也。有孚攣如。位正當也。翰音登于天。何可長也。

崔憬曰。「流風令于上。布澤惠于下。中孚之象也。」

君子法之。以議獄緩死。議者。論也。論獄而有可矜。

則解緩其死。恤囚之道也。

山上有雷。小過。君子以行過乎恭。喪過乎哀。用過乎儉。飛鳥以凶。不可如何也。不及其君。臣不可過也。從或戕之。凶如何也。弗過遇之。位不當也。往厲必戒。終不可長也。密雲不雨。已上也。弗遇過之。已亢也。

山上有雷。何以小過之象。愚所不詳也。行恭哀儉。非失也。過乎中則失矣。然非爲大害。故曰小過。

水在火上。既濟。君子以思患而豫防之。曳其輪。義无咎也。七日得。以中道也。三年克之。憊也。終日戒。

有所疑也。東鄰殺牛。不如西鄰之時也。實受其福。吉大來也。濡其首厲。何可久也。

水在火上。則不爲災。君子鑒之。而知防患之要。此象甚顯。而先儒或謂「六爻既正。必當復亂。故君子防之。」以爻位爲說。愚所不詳也。

火在水上。未濟。君子以愼辨物居方。濡其尾。亦不知極也。九二貞吉。中以行正也。未濟征凶。位不當也。貞吉悔亡。志行也。君子之光。其暉吉也。飲酒濡首。亦不知節也。

火性炎上。水性潤下。各適其性之象。亦互不相合之象。故爲未濟。辨物者。分別其品物也。居方者。處置其方位也。侯果曰。「愼辨物宜。居之以道。令其功用相得。則物咸濟矣。」是以君子愼之。

周易詁辭卷四

繫辭上傳

天尊地卑。乾坤定矣。卑高以陳。貴賤位矣。動靜有常。剛柔斷矣。方以類聚。物以群分。吉凶生矣。在天成象。在地成形。變化見矣。

此言萬物演進之序。前世聖人取以爲法。象分之爲八。重之爲六十四。皆不出乎此宇宙萬物之理矣。故于此說述之也。先儒或以此句指泰。彼句指否。拘執不通。亦何鑿矣。

是故剛柔相摩。八卦相盪。鼓之以雷霆。潤之以風雨。

日月運行。一寒一暑。

摩。兩相循也。盪。交相動也。此言萬象森羅。相反相濟而成宇宙也。

乾道成男。坤道成女。

萬物既生。遂有人類。此舉八卦以該六十四。見宇宙萬物不出于易象也。

乾知大始。坤作成物。乾以易知。坤以簡能。

知猶爲也。爲亦作也。乾爲大始。萬物資始也。坤作成物。萬物資生也。易簡者。天道无爲而無不无也。

易則易知。簡則易從。易知則有親。易從則有功。有親則可久。有功則可大。可久則賢人之德。可大則賢人之業。易簡而天下之理得矣。天下之理得。而成位乎其中矣。

此由天道而推論人事也。復專釋乾坤以該八卦。以見易道之易簡是包天下之理也。釋文。而成乎位其中。馬融王肅作而易成位乎其中。李氏集解引荀爽亦有易字。世本脫耳。

以上第一章。分章各家不盡同。此從朱子。

聖人設卦觀象。繫辭焉而明吉凶。

朱子曰。「象者。物之似也。」

剛柔相推而生變化。是故吉凶者。失得之象也。悔吝者。憂虞之象也。變化者。進退之象也。剛柔者。晝夜之象也。六爻之動。三極之道也。

朱子曰。「三極。天地人之至理。」

是故君子所居而安者。易之序也。虞本。序作象。所樂而玩者。爻之辭也。虞本。樂作變。是故君子居則觀其象而玩其辭。動則觀其變而玩其占。是以自天祐之。吉无不利。

朱子曰。「此言聖人作易。君子學易之事。」

以上第二章。

彖者。言乎象者也。爻者。言乎變者也。吉凶者。言乎其失得也。悔吝者。言乎其小疵也。无咎者。善補過也。是故列貴賤者存乎位。齊小大者存乎卦。辯吉凶者存乎辭。憂悔吝者存乎介。

釋文。「介。音界。」朱子曰。「介謂辨別之端。」先儒以上文有小疵之語。皆訓介爲纖。似非也。

震无咎者存乎悔。

悔惜爲悔。卦之上體也。先儒以上文有悔過之語。皆以悔吝之悔解之。似非也。

是故卦有小大。辭有險易。辭也者。各指其所之。

朱子曰。「小險大易。各隨所向。」項安世曰。「使人之知所適從也。」而說者或謂「剛柔相易」之謂升降。曰「當位失道。皆視乎所之。」卦變之說。託本于此矣。學者不可不辨也。

此釋卦爻辭之通例。教人以觀玩之事。

以上第三章。

易與天地準。故能彌綸天地之道。

京房曰。「準。等也。彌。偏也。綸。知也。」蓋借綸爲論。故訓爲知。此言易之卦爻。兼包衆理。故能偏知天地之道。或說彌爲彌縫。綸爲經綸。釋文。天地之道爲天下之道。皆非也。

仰以觀於天文。俯以察於地理。是故知幽明之故。原始反終。故知死生之說。

反終。鄭荀作及終。

精氣爲物。游魂爲變。是故知鬼神之情狀。

朱子曰。「此聖人窮理之事也。」宇宙萬象。皆有其理。而先民不能盡解。則歸之于怪異。精氣爲物。可覩之妖怪也。游魂爲變。不可知之變故也。人智更進。則有天神人鬼之說。此古人解釋生死之理。鬼神之情狀者也。然不周不備。未足爲訓。傳文本爾。不可以後世之說彌縫之也。

與天地相似。故不違。知周乎萬物。而道濟天下。故不過。旁行而不流。樂天知命。故不憂。安土敦乎仁。故能愛。

朱子曰。「此聖人盡性之事也。天地之道。知仁而已。」王引之謂旁行而不流。猶言並行而不悖。九家易以卦氣值日爲説。非也。

範圍天地之化而不過。曲成萬物而不遺。通乎晝夜之道而知。故神无方而易无體。

朱子曰。「此聖人至命之事也。範如鑄金之有模。範圍。匡郭也。」又曰。「至神之妙。无有方所。易之變化。无有形體。」

此章言易道之大。聖人用之如此。

以上第四章。

一陰一陽之謂道。繼之者。善也。成之者。性也。

陰陽迭運。宇宙演生。雖萬象不齊。盛衰起伏。而其間有自然之條理焉。是謂之善。亦即化育之功也。柴立萬物之中。相競相用而終以自存者。蓋必有其能成之性。故曰成之者性也。

仁者見之謂之仁。知者見之謂之知。百姓日用而不知。故君子之道鮮矣。

仁知所見不同。各得道之一隅而自以爲全體。日用不知。則莫不飲食。鮮能知味者。又其每下者焉。

顯諸仁。藏諸用。鼓萬物而不與聖人同憂。盛德大業至矣哉。

程子曰。「天地无心而成化。聖人有心而无爲。」

富有之謂大業。日新之謂盛德。生生之謂易，成象之謂乾。效法之謂坤。極數知來之謂占。通變之謂事。陰陽不測之謂神。

朱子曰。「此章言道之體用。不外乎陰陽。而其所以然者。則未嘗倚于陰陽也。」

以上第五章。

夫易廣矣大矣。以言乎遠則不禦。以言乎邇則靜而正。以言乎天地之間則備矣。

遠謂天。邇謂地。不禦。不止也。天地之間。謂萬物也。

夫乾。其靜也專。其動也直。是以大生焉。夫坤。其靜也翕。其動也闢。是以廣生焉。

專。不紾也。直。不曲也。翕。合于內。闢。開于外也。乾坤變化。皆有力以鼓之。力未加于物則靜。靜則不能自動也。有專翕之象焉。力既加于物則動。動則不能自靜也。有直闢之象焉。專直翕闢。乾坤動靜之四象也。

廣大配天地。變通配四時。陰陽之義配日月。易簡之善配至德。

此章言易之廣大。

以上第六章。

子曰。易其至矣乎。夫易。聖人所以崇德而廣業也。知崇。禮卑。崇效天。卑法地。天地設位而易行乎其中矣。成性存存。道義之門。

此章言聖人以易崇德廣業。見易之所以至也。

以上第七章。

聖人有以見天下之賾。而擬諸其形容。象其物宜。是故謂之象。

賾。紛雜也。萬象紛雜。而其中自有其統貫。聖人擬其形容而畫其卦。亦聖人窮理之學也。

聖人有以見天下之動。而觀其會通。以行其典禮。繫辭焉以斷其吉凶。是故謂之爻。

會者理所族聚。通者事之和同。聖人鑑其變化而制禮玩占。此巫史之道所由興也。

言天下之至賾而不可惡也。言天下之至動而不可亂也。

擬之而後言。議之而後動。擬議以成其變化。
觀象玩辭。觀變玩占。意有所會。辭即隨之。若賦詩斷
章。仁智各別。豈必有定象哉。迂者執之。穿鑿之辭以
起。非聖人贊易之義也。此下七爻。則其例也。
鳴鶴在陰。其子和之。我有好爵。吾與爾靡之。子曰。
君子居其室。出其言善。則千里之外應之。況其邇者
乎。居其室。出其言不善。則千里之外違之。況其邇者
乎。言出乎身。加乎民。行發乎邇。見乎遠。言行。君
子之樞機。樞機之發。榮辱之主也。言行。君子之所以
動天地也。可不愼乎。

釋中孚九二爻義。

同人先號咷而後笑。子曰。君子之道。或出或處。或默或語。二人同心。其利斷金。同心之言。其臭如蘭。

釋同人九五爻義。君子之道。迹若不同。而心則无間。利。鋒銛也。同人之力。堅金可斷。況人衆乎。其力愈大。虞氏謂二人指夫婦。固矣。

初六。藉用白茅。无咎。子曰。苟錯諸地而可矣。藉之用茅。何咎之有。愼之至也。夫茅之爲物薄。而用可重也。愼斯術也以往。其无所失矣。

釋大過初六爻義。古者俎豆陳之于地。時虞傾踣。則以茅藉之。故孔子贊之爲愼也。

勞謙。君子有終。吉。子曰。勞而不伐。有功而不德。厚之至也。語以其功下人者也。德言盛。禮言恭。謙也者。致恭以存其位者也。

釋謙九三爻義。德欲其盛。謂勞也。禮欲其恭。謂謙也。

亢龍有悔。子曰。貴而无位。高而无民。賢人在下位而无輔。是以動而有悔也。

釋乾上九爻義。

不出戶庭。无咎。子曰。亂之所生也。則言語以爲階。

君不密則失臣。臣不密則失身。幾事不密則害成。是以君子愼密而不出也。

釋節初九爻義。

子曰。作易者其知盜乎。易曰。負且乘。致寇至。負也者。小人之事也。乘也者。君子之器也。小人而乘君子之器。盜思奪之矣。上慢下暴。盜思伐之矣。慢藏誨盜。冶容誨淫。易曰。負且乘、致寇至。盜之招也。

釋解六三爻義。慢。疏也。誨。教也。疏于蓋藏。是教人盜也。冶。妖冶也。謂傲稚自得。莊飾鮮明之貌。鄭本作野。飾其容而見于外曰野。

以上第八章。乃孔子論易推廣爻辭之義。古人謂詩无達詁。愚亦謂易无定象。古人賦詩。斷章取義。韓非喻老。豈必與老子意合。要在明其一義而已。卦辭爻辭。義不必同。彖傳象傳。又或各異。前後既非出一手。見仁見知。深淺不同。先儒強欲求其一貫。亦徒見其難通耳。

天一。地二。天三。地四。天五。地六。天七。地八。天九。地十。

天奇數。地偶數耳。此二十字本在易有聖人之道四焉句上。漢書律歷志引。則在大衍之數五十句上。程朱均從之。漢志謂天以一生水。地以二生火。天以三生木。地以四生金。天以五生土。故或謂天一至五爲五行生數。地六至十爲五行成數。夫易以道陰陽。陰陽變化而成八卦。此周易之學也。五行之說。本于洪範。夏禹發之。箕子傳之。而周易異端。未可相傳合。而先儒本漢志牽引爲說。漢志以五行釋歷數。已爲穿鑿。況又援以說易邪。郭雍謂「五行之說。于易无所見。」其非易旨。亦甚明矣。

天數五。地數五。五位相得而各有合。天數二十有五。地數三十。凡天地之數五十有五。此所以成變化而行鬼神也。

朱子曰。「此簡本在大衍之後。今按宜在此。」一三五七九。此五奇數也。二四六八十。此五偶數也。奇數之和二十有五。偶數之和三十。奇偶總和五十有五。

大衍之數五十。

衍。演也。推求其數而廣演之。是爲大衍。一二三連乘得六。二三四連乘得二十四。三四一連乘得十二。四一二連乘得八。是一二三四迴環連乘。其和爲五十。此其一也。一五九五。其和五十。二五八五。其和五十。三五七五。其和五十。四五六五其和五十。此其二也。五與十之積五十。此其三也。句三股四弦五。各自乘其積五十。此其四也。以七爲徑。則方周二十八。圓周二十二。合之五十。此其五也。由一至十。奇偶相演。其數皆爲五十。故曰大衍之數五十也。各家所釋。多有穿鑿附會者。此本周易折中。略爲近理。此皆數之自然。而演者又逆探其數以合之。雖巧密可喜。然豈道之大原哉。而古人以爲神。此後世所以惑也。宋儒更造爲圖書。其說更紛紊不可理析。愚所不解也。

其用四十有九。

大衍之數五十。平方開之。得七餘一。故曰其用四十有九。筮法舍五十而用四十有九者。四十九之爲數。一一數之。二二數之。三三數之。四四數之。皆餘一以爲歸扐之數。不似五十之无定也。而前人又從而神之。惑矣。

分而爲二以象兩。掛一以象三。揲之以四。以象四時。歸奇於扐以象閏。五歲再閏。故再扐而後掛。

掛。懸其一于小指之間也。揲。間而數之也。奇。所掛一也。四十九著。一一數之。二二數之。三三數之。四四數之。皆餘一。此一即奇也。扐。揲之餘也。勒于左手中三指之兩間也。此筮法也。朱子筮儀所述詳矣。

乾之策二百一十有六。坤之策百四十有四。凡三百有六十。當期之日。

四四揲。其餘或一、或二、或三、或四也。歸奇于扐。則或十三。或二十五。或二十一。或十七。扐十三則得三十六。老陽九揲之數。扐二十五則得二十四。老陰六揲之數。扐二十一則得二十八。少陽七揲之數。扐十七則得三十二。少陰八揲之數。老陽之策三十六。乾有六陽。故得二百十六。老陰之策二十四。坤有六陰故得一百四十四。其和三百六十。周易用九用六。故言乾坤之策。實則少陽少陰用七用八。其和亦三百六十。此又數之自然妙合。而古人以爲神者也。于是進而附會之于歷法焉。此象閏當期之說也。雖然。五歲再閏。說固不的。而三百六十。亦非天地周游之確數。日躔月躔。數皆奇零不盡。豈可以整數限齊之哉。先儒豈遂不知此理。而欲執此以起无窮之數。亦徒爲玩具而已。于大化固无當也。孔子以歷數比筮。亦概而已耳。豈可拘鑿哉。

二篇之策。萬有一千五百二十。當萬物之數也。

二篇謂上下經。六十四卦。三百八十四爻。陰陽各得其百九十二爻。陽爻三十六。得六千九百一十二策。陰爻二十四。得四千六百八策。合之得此數。
是故四營而成易。十有八變而成卦。
此亦筮法。詳朱子筮儀。筮爲易之一體。先民所重。漢唐以來。述其法頗多異同。至宋以後。折中于朱子。然亦未爲定論。去古既遠。莫能詳知。況近世文明大啓。巫史罷黜。占筮之道。姑置可矣。
八卦而小成。引而伸之。觸類而長之。天下之能事畢矣。顯道神德行。是故可與酬酢。可與祐神矣。子曰。知變化之道者。其知神之所爲乎。
此章言天地大衍之數。揲蓍求卦之法。

以上第九章。

易有聖人之道四焉。以言者尙其辭。以動者尙其變。以制器者尙其象。以卜筮者尙其占。是以君子將有爲也。將有行也。問焉而以言。其受命也如嚮。无有遠近幽深。遂知來物。非天下之至精。其孰能與於此。參伍以變。錯綜其數。

參。三也。伍。五也。奇偶相合而成三。縱橫相交而成五。故參伍者。交合之謂也。事物交合而生變化。故曰參伍以變也。錯。雜也。互也。綜。理也。雜理天下之事。故曰錯綜其數也。而先儒或謂三爲三變。五爲再閏。又或謂三爲三材。五爲五行。三五一十五。爲八七、九六之數。錯綜爲卦之順逆。務爲深窅不可知之說。近于巫史。愚所不解也。

通其變。遂成天地之文。極其數。遂定天下之象。非天下之至變。其孰能與於此。易无思也。无爲也。寂然不動。感而遂通天下之故。非天下之至神。其孰能與於此。夫易。聖人之所以極深而研幾也。唯深也。故能通天下之志。唯幾也。故能成天下之務。唯神也。故不疾而速。不行而至。子曰。易有聖人之道四焉者。此之謂也。

此章言易有四道。且極贊其神。

以上第十章。

子曰。夫易何爲者也。夫易開物成務。冒天下之道。如斯而已者也。是故聖人以通天下之志。以定天下之業。以斷天下之疑。

志者。思想也。業者。事功也。疑者。期望也。易之大用。在此三者。殆非卜筮所能限也。

是故蓍之德圓而神。卦之德方以知。六爻之義易以貢。

圓與圜同。貢。荀本作功。圜神謂變化无方。方知謂事有定理。易功謂爻獻其功。

聖人以此洗心。退藏於密。吉凶與民同患。神以知來。知以藏往。其孰能與於此哉。古之聰明睿知神武而不殺者夫。

洗。古作先。導也。心所欲至而易能先知。若爲前導然。韓康伯曰。「洗濯萬物之心。」可謂順俗爲訓者也。古之聰明睿知神武者。謂燧人伏羲神農皆興神物以前民用。而天下往王焉。非以刑威使天下畏服也。故曰不殺。能若此者乃足以與於此也。

是以明於天之道。而察於民之故。是興神物以前民用。聖人以此齊戒。以神明其德夫。

明天之道者。察自然之見象也。察民之故者。合以人事而求其用也。物莫不有其理。理未明則以爲神。聖人明其然。愚氓昧其理。齊戒者。警動之也。神明其德者。矜異之也。聖人之興神物以前民用。蓋如此夫。先儒皆以神物爲蓍龜。未免局于卜筮之一端已耳。

是故闔戶謂之坤。闢戶謂之乾。一闔一闢謂之變。往來不窮謂之通。見乃謂之象。形乃謂之器。制而用之謂之法。利用出入。民咸用之謂之神。

乾坤玄遠而近于户之闔闢見之。宇宙之理。不外陰陽闔闢。相反相成。周易之義。與異域所謂二元略近。此類是也。能近取譬。此聖人善于贊易也。制器利用者。若構木鑽火。此上世聖人之創作。降及後世。一輪一針。或鉅或細。其能風行宇內。利被生民者。皆神也已。

是故易有太極。是生兩儀。兩儀生四象。四象生八卦。八卦定吉凶。吉凶生大業。是故法象莫大乎天地。變通莫大乎四時。懸象著明莫大乎日月。崇高莫大乎富貴。備物致用。立成器以爲天下利。莫大乎聖人。探賾索隱。鉤深致遠。以定天下之吉凶。成天下之亹亹者。莫大乎蓍龜。

侯果曰。「亹。勉也。夫幽隱深遠之情。吉凶未兆之事物。皆勉勉然願知之。然不能也。及著成卦。龜成兆也。雖神道之幽密。未然之吉凶。坐可觀也。」

是故天生神物。聖人則之。天地變化。聖人效之。天垂象。見吉凶。聖人象之。河出圖。洛出書。聖人則之。

河圖洛書。說者紛然。迄无定論。此必上古相傳以爲鴻寶者。明言河洛。則所出之地可知矣。既名圖書。則非素帛可知也。然其不能如後世文字之美茂明備。又可決也。然至周武而洛書逸。至孔子而河圖亦亡。先儒乃以八卦九疇當之。或又以爲有九篇六篇。應于陰陽之數。是皆出于附會耳。至宋人黑白點之圖。其爲僞撰。更不足辨。夫河圖洛書。既爲前聖所寶。作易者取則于是。理或有之。然易雖出于圖書。易既成則圖書已不足貴。譬猶得魚而忘筌也。因鳥跡而作文字。鳥跡豈足寶哉。而數千年來。異說滋多。至于趙宋。僉益紛紊。竟謂易學盡在圖中。其說有巫道焉。不亦誣且愚哉。

易有四象。所以示也。繫辭焉。所以告也。定之以吉凶。所以斷也。

此章言卜筮及制器之理。

以上第十一章。

易曰。自天祐之。吉无不利。子曰。祐者。助也。天之所助者順也。人之所助者信也。履信思乎順。又以尚賢也。是以自天祐之。吉无不利也。

釋大有上九爻義。朱子以爲在此无所屬。恐是錯簡。宜在第八章末。

子曰。書不盡言。言不盡意。然則聖人之意其不可見乎。子曰。聖人立象以盡意。設卦以盡情僞。繫辭焉以盡其言。變而通之以盡利。鼓之舞之以盡神。乾坤其易之緼邪。乾坤成列而易立乎其中矣。乾坤毀則无以見易。易不可見。則乾坤或幾乎息矣。

乾坤毀謂變化不全。乾坤息謂變化不行。

是故形而上者謂之道。形而下者謂之器。化而裁之謂之變。推而行之謂之通。舉而錯之天下之民謂之事業。是故夫象。聖人有以見天下之賾。而擬諸其形容。象其物宜。是故謂之象。聖人有以見天下之動。而觀其會通以行其典禮。繫辭焉以斷其吉凶。是故謂之爻。極天下之賾者存乎卦。鼓天下之動者存乎辭。化而裁之存乎變。推而行之存乎通。神而明之存乎其人。默而成之。不言而信。存乎德行。

此章論易書不盡言、言不盡意。而歸重于德行。知易不以卜筮爲重也。

以上第十二章。

繫辭下傳

八卦成列。象在其中矣。因而重之。爻在其中矣。剛柔相推。變在其中矣。繫辭焉而命之。動在其中矣。吉凶悔吝者。生乎動者也。剛柔者。立本者也。變通者。趣時者也。吉凶者。貞勝者也。

貞。正也。吉凶以正相勝。

天地之道。貞觀者也。

觀。示也。天地以正示天下。

日月之道。貞明者也。

日月以明爲正。

天下之動。貞夫一者也。

一者。易道也。天下之動。其變无窮。亦正之于易道而已。

夫乾確然。示人易矣。夫坤隤然。示人簡矣。

確。高至也。隤。下墜也。天之高也。星晨之遠也。苟求其故。千歲之日至。可坐而致也。地體隤然。四角不揜。如是而已。亦何以示人以簡也。

爻也者。效此者也。象也者。像此者也。爻象動乎內。

吉凶見乎外。功業見乎變。聖人之情見乎辭。天地之大德曰生。聖人之大寶曰位。何以守位。曰仁。何以聚人。曰財。理財正辭。禁民爲非曰義。

曰仁之仁。釋文作人。云「桓玄、明僧紹作仁。」王應麟云。「今本乃從桓玄。誤矣。」朱子本義作人。云「呂氏從古。蓋所謂非衆罔與守邦也。」

以上第一章。言卦爻吉凶。造化功業。

古者包犧氏之王天下也。仰則觀象於天。俯則觀法於地。觀鳥獸之文與地之宜。近取諸身。遠取諸物。於是始作八卦。以通神明之德。以類萬物之情。

朱子曰。「神明之德。如健順動止之性。萬物之情。如雷風山澤之象。」

作結繩而爲網罟。以佃以漁。蓋取諸離。

離婁文疏。如罔之目。故古謂罔羅所致曰離也。

包犧氏沒。神農氏作。斲木爲耜。揉木爲耒。耒耨之利。以教天下。蓋取諸益。日中爲市。致天下之民。聚天下之貨。交易而退。各得其所。蓋取諸噬嗑。

上明象日中。下動象交易。

神農氏沒。黃帝堯舜氏作。通其變。使民不倦。神而化之。使民宜之。易窮則變。變則通。通則久。是以自天祐之。吉无不利。黃帝堯舜垂衣裳而天下治。蓋取諸乾坤。

乾易坤簡。无爲而无不爲。

刳木爲舟。剡木爲楫。舟楫之利。以濟不通。致遠以利天下。蓋取諸渙。

九家易曰。「木在水上。舟楫之象也。」致遠以利天下。釋文云。一本无此句。是也。

服牛乘馬。引重致遠。以利天下。蓋取諸隨。

從其後以追逐之義。

重門擊柝。以待暴客。蓋取諸豫。

朱子曰。豫備之意。

斷木爲杵。掘地爲臼。臼杵之利。萬民以濟。蓋取諸小過。

朱子曰。「下止上動。」

弦木爲弧。剡木爲矢。弧矢之利。以威天下。蓋取諸睽。

朱子曰。「睽乖然後威以服之。」

上古穴居而野處。後世聖人易之以宮室。上棟下宇。以待風雨。蓋取諸大壯。古之葬者。厚衣之以薪。葬之中野。不封不樹。喪期无數。後世聖人易之以棺椁。蓋取諸大過。

折中曰。「木在澤中也。」封謂爲墳。樹謂植木。

上古結繩而治。後世聖人易之以書契。百官以治。萬民以察。蓋取諸夬。

夬。刻也。謂契刻也。

以上第二章。言聖人制器尚象之意。

是故易者。象也。象也者。像也。彖者。材也。謂裁成也。爻也者。效天下之動者也。效。放也。是故吉凶生而悔吝著也。

以上第三章。

陽卦多陰。陰卦多陽。

舊說震坎艮爲陽卦。皆一陽二陰。巽離兌爲陰卦。皆一陰二陽。

其故何也。陽卦奇。陰卦偶。

凡陽卦皆五畫。凡陰卦皆四畫。

其德行何也。陽一君而二民。君子之道也。

以少御衆。貴族之象。

陰二君而一民。小人之道也。

主多而使少。庶人之象。

以上第四章。

易曰。憧憧往來、朋從爾思。子曰。天下何思何慮。天下同歸而殊塗。一致而百慮。天下何思何慮。

此引咸九四爻辭而釋之也。人心感于物而思慮紛起。雖然。疑今者察之古。不知來者視諸往。萬事之生異趣而同歸。古今一也。更何容思慮于其間哉。理本无二。物來順應。勢自然爾。故曰何思何慮。

日往則月來。月往則日來。日月相推而明生焉。寒往則暑來。暑往則寒來。寒暑相推而歲成焉。往者屈也。來者信也。屈信相感而利生焉。

晝夜四時。自然運轉。羲和迎候而已。不能意爲盈縮。則亦何思何慮之云。

尺蠖之屈。以求信也。龍蛇之蟄。以存身也。精義入神。以致用也。利用安身。以崇德也。

四者皆人事之自然。不可強求。不可避退。應運肆志。何思何慮。

過此以往。未之或知也。窮神知化。德之盛也。

過此以往者。過人事自然之界域。而強求其不可知之理。非愚則誣也。然理雖幽深。說雖繁賾。而實爲大化所縕藏。自然所具有。則精義入神。利用安身。仍在致用崇德之科。非前民用之。聖人孰能任之。故曰窮神知化、德之盛也。而前人或以卜筮前知。當德之盛。則道華愚首。豈贊者之旨哉。

易曰。困于石。據于蒺藜。入于其宮。不見其妻。凶。子曰。非所困而困焉。名必辱。非所據而據焉。身必危。既辱且危。死期將至。妻其可得見邪。

釋困六三爻義。

易曰。公用射隼于高墉之上。獲之。无不利。子曰。隼者。禽也。弓矢者。器也。射之者。人也。君子藏器於身。待時而動。何不利之有。動而不括。是以出而有獲。語成器而動者也。

括、适。疾也。待時而動。不汲汲也。此釋解上六爻義。

子曰。小人不恥不仁。不畏不義。不見利不勸。不威不懲。小懲而大誡。此小人之福也。易曰。屨校滅趾。无咎。此之謂也。

此釋噬嗑初九爻義。

善不積不足以成名。惡不積不足以滅身。小人以小善爲无益而弗爲也。以小惡爲无傷而弗去也。故惡積而不可揜。罪大而不可解。易曰。何校滅耳。凶。

此釋噬嗑上九爻義。

子曰。危者安其位者也。亡者保其存者也。亂者有其治者也。是故君子安而不忘危。存而不忘亡。治而不忘亂。是以身安而國家可保也。易曰。其亡其亡。繫于苞桑。

此釋否九五爻義。

子曰。德薄而位尊。知小而謀大。力少而任重。鮮不及矣。易曰。鼎折足。覆公餗。其形渥。凶。言不勝其任也。

此釋鼎九四爻義。

子曰。知幾其神乎。君子上交不諂。下交不瀆。其知幾乎。幾者。動之微。吉之先見者也。君子見幾而作。不俟終日。易曰。介于石。不終日。貞吉。介如石焉。寧用終日。斷可識矣。君子知微知彰。知柔知剛。萬夫之望。

此釋豫六二爻義。漢書吉之之間有凶字。

子曰。顏氏之子。其殆庶幾乎。有不善未嘗不知。知之未嘗復行也。易曰。不遠復。无祗悔。元吉。

庶幾。言庶乎知幾微之道也。孔子曰。回也其庶幾也。

顏淵不遷怒。不貳過。此釋復初九爻義。

天地絪縕。萬物化醇。男女構精。萬物化生。易曰。三人行則損一人。一人行則得其友。言致一也。

絪縕。周密相包裹也。醇與湻同。素問。化湻而守誠。史記。湻化鳥獸蟲魚。義與此同。致。至也。陰陽合德。故致于一。此釋損六三爻義。

子曰。君子安其身而後動。易其心而後語。定其交而後求。君子脩此三者。故全也。危以動。則民不與也。懼以語。則民不應也。无交而求。則民不與也。莫之與。則傷之者至矣。易曰。莫益之。或擊之。立心勿恆。凶。

安其身者。安民生也。身安而後能役之。易其心者。平民心也。心平而後能詔之。定其交者。規制民與國之交誼也。交定而後能索之。嗚呼。後世君子孰能脩此三者邪。欲其无傷。豈可得哉。此釋益上九爻義。

以上第五章。

子曰。乾坤。其易之門邪。乾。陽物也。坤。陰物也。陰陽合德。而剛柔有體。以體天地之撰。以通神明之德。其稱名也。雜而不越。於稽其類。其衰世之意邪。

雜。紛也。越。踰也。易經象彖稱述之物甚多。皆不外宇宙天人之故。故曰雜而不越也。於。粵也。稽考事類。則龍潛虎變。首濡目及。多衰世之事。故贊易者因而興嘆。實則先進後進。野文不同。卦爻諸辭。傳自上古。正可以之闕見舊俗。烏可以其衰而異之邪。

夫易彰往而察來。而微顯闡幽。開而當名。辯物正言。斷辭則備矣。

易象所包。千變萬化。雖未足該後世之事。春秋戰國之間。固不能外于此矣。故曰斷辭則備矣。至嬴秦統一區宇。破封建而行郡縣。世勢既異。天人之變。已有非易象所能函者。自是千數百年來。直至瀛海大通。四夷交征。波譎雲湧。疏盪逼軋。豈復易象所能限哉。而世儒仍奉之若神明。以謂斷辭備矣。何其惑也。而微顯下兩句疑有脱誤。而大意可知。不復補乙。

其稱名也小。其取類也大。其旨遠。其辭文。其言曲而中。其事肆而隱。因貳以濟民行。以明失得之報。

肆。野也。隱。晦也。貳。疑也。周易所載。皆前世之事。後人視之。多以爲鄙野而羞稱之。否則不明其義。而以爲晦澀難通。此易之所以難讀也。聖人轉因其疑貳。明其得失。以濟民用。此又聖人神道設教之微意。而易所以日益玄秘也。

以上第六章。

易之興也其於中古乎。作易者其有憂患乎。是故履。德之基也。謙。德之柄也。復。德之本也。恆。德之固也。損。德之脩也。益。德之裕也。困。德之辨也。井。德之地也。巽。德之制也。

朱子曰。「九卦皆反身脩德。以處憂患之事。」

履和而至。謙尊而光。復小而辨於物。恆雜而不厭。損先難而後易。益長裕而不設。困窮而通。井居其所而遷。巽稱而隱。履以和行。謙以制禮。復以自知。恆以一德。損以遠害。益以興利。困以寡怨。井以辯義。巽以行權。

以上第七章。三陳九卦。以明處憂患之道。

易之爲書也不可遠。爲道也屢遷。變動不居。周流六虛。上下无常。剛柔相易。不可爲典要。唯變所適。

六虛。上下四方也。典要。常道也。易之爲書。陳天道。切人事。舉往史。驗來世。以之説禮明象。固可進德益智。然不可以爲治世之常經也。國家經制。數度有定。豈可以虛理擬哉。故曰不可爲典要。易之理象。概其大端而已。隨事傅合。莫不有説。若賦詩之斷章取義。故曰唯變所適也。

其出入以度。外內使知懼。

朱子曰。「此句未詳。疑脱誤。」虞翻曰。「出乾爲外。入坤爲內。日行一度。」此用卦氣之説。愚所不解也。

又明於憂患與故。无有師保。如臨父母。初率其辭而揆其方。既有典常。苟非其人。道不虛行。

以上第八章。

易之爲書也。原始要終以爲質也。六爻相雜。唯其時物也。其初難知。其上易知。本末也。初辭擬之。卒成之終。若夫雜物撰德。辯是與非。則非其中爻不備。噫亦要存亡吉凶。則居可知矣。知者觀其彖辭。則思過半矣。二與四同功而異位。其善不同。二多譽。四多懼。近也。

郭京謂近也二字。爲注語誤入正文者。理或然也。

柔之爲道不利遠者。其要无咎。其用柔中也。三與五同功而異位。三多凶。五多功。貴賤之等也。其柔危。其剛勝邪。

以上第九章。論中爻。專爲卜筮者言之。

易之爲書也。廣大悉備。有天道焉。有人道焉。有地道焉。兼三材而兩之。故六。六者非它也。三材之道也。道有變動故曰爻。爻有等故曰物。物相雜故曰文。文不當故吉凶生焉。

以上第十章。

易之興也。其當殷之末世。周之盛德邪。當文王與紂之事邪。是故其辭危。危者使平。易者使傾。其道甚大。百物不廢。懼以終始。其要无咎。此之謂易之道也。

以上第十一章。

夫乾。天下之至健也。德行恆易以知險。夫坤。天下之至順也。德行恆簡以知阻。能說諸心。能研諸侯之慮。

輔嗣略例。无侯之二字。是衍也。

定天下之吉凶。成天下之亹亹者。是故變化云爲。吉事有祥。象事知器。占事知來。天地設位。聖人成能。人謀鬼謀。百姓與能。

人謀者。集思廣益也。鬼謀者。假諸卜筮之靈也。然皆切於日用。雖百姓之愚。皆足與其能也。

八卦以象告。爻彖以情言。剛柔雜居而吉凶可見矣。變動以利言。吉凶以情遷。是故愛惡相攻而吉凶生。遠近相取而悔吝生。情僞相感而利害生。凡易之情。近而不相得則凶。或害之。悔且吝。將叛者其辭慙。中心疑者其辭枝。吉人之辭寡。躁人之辭多。誣善之人其辭游。失其守者其辭屈。

司馬溫公曰。「辭慙者不能隱其實。辭枝者不能一左右。辭寡者敏于行。辭多者急求人知。辭游者必苟巧飾。辭屈者内无主。」

以上第十二章。

文言傳

元者。善之長也。亨者。嘉之會也。利者。義之和也。貞者。事之幹也。君子體仁足以長人。嘉會足以合禮。利物足以和義。貞固足以幹事。

元。首也。故以爲體之長。亨與烹享。古本同字。故以爲嘉會合禮。利本從和省。故以爲義之和。貞即楨榦。故以幹釋貞者爲百體之尊。人之所護惜。飲食嘉會。人所安樂。中和育物。人所利賴。貞固幹事。人所欣慕。

上世草昧。具此四者。資生之道略備矣。後世人事日繁。已非此四者所能限。而古義相傳。未能遽易。則相與附益。其說精深幽遠。漸以難知。玄玄不已。益之以怪。此易說之所以日晦也。惜哉。

君子行此四德者。故曰乾元亨利貞。

此第一節。申乾卦彖辭之義。

初九曰潛龍勿用。何謂也。子曰。龍德而隱者也。不易乎世。不成乎名。遯世无悶。不見是而无悶。樂則行之。憂則違之。確乎其不可拔。潛龍也。

易。施也。不易乎世。言不得設施乎世。故名亦不成也。行讀若用之則行之行。違。去也。確。堅固也。

九二曰見龍在田利見大人。何謂也。子曰。龍德而正中者也。庸言之信。庸行之謹。閑邪存其誠。善世而不伐。德博而化。易曰見龍在田利見大人。君德也。

閑。防也。誠。眞實也。俞樾謂。「世即大也。善雖大而不矜伐。」

九三曰君子終日乾乾夕惕若厲无咎。何謂也。子曰。君子進德脩業。忠信。所以進德也。脩辭立其誠。所以居業也。知至至之可與幾也。知終終之可與存義也。是故居上位而不驕。在下位而不憂。故乾乾因其時而惕。雖危无咎矣。九四曰或躍在淵无咎。何謂也。子曰。上下无常。非爲邪也。進退无恆。非離群也。君子進德脩業欲及時也。故无咎。九五曰飛龍在天利見大人。何謂也。子曰。同聲相應。同氣相求。水流濕。火就燥。雲從龍。風從虎。聖人作而萬物覩。本乎天者親上。本乎地者親下。則各從其類也。

此謂天開地闢。萬象昭呈。山川動植。各相效順之時。日月風雷。本乎天者。親上者也。水火動植。本乎地者。親下者也。作。興起也。覩。見也。有聖人起。彌綸萬化。各得其所。故曰聖人作而萬物覩也。

上九曰亢龍有悔。何謂也。子曰。貴而无位。高而无民。賢人在下位而无輔。是以動而有悔也。

此第二節。申象辭之義。

潛龍勿用。下也。見龍在田。時舍也。終日乾乾。行事也。或躍在淵。自試也。飛龍在天。上治也。亢龍有悔。窮之災也。乾元用九。天下治也。

此第三節。再申前意。

潛龍勿用。陽氣潛藏。見龍在田。天下文明。終日乾乾。與時偕行。或躍在淵。乾道乃革。飛龍在天。乃位乎天德。亢龍有悔。與時偕極。乾元用九。乃見天則。

此第四節。又申前義。

乾元者。始而亨者也。利貞者。性情也。乾始能以美利利天下。不言所利。大矣哉。

前釋四德。並列无輕重。此又合而釋之者。

大哉乾乎。剛健中正。純粹精也。六爻發揮。旁通情也。

旁通猶言曲盡。陸績曰。「乾旁通于坤。坤來入乾。以成六十四卦。謂之旁通。」揆之傳文。似无此義。

時乘六龍。以御天也。雲行雨施。天下平也。

此第五節。復申首章之意。

君子以成德爲行。日可見之行也。潛之爲言也。隱而未見。行而未成。是以君子弗用也。君子學以聚之。問以辯之。寬以居之。仁以行之。易曰見龍在田利見大人。君德也。九三重剛而不中。上不在天。下不在田。故乾乾因其時而惕。雖危无咎矣。九四重剛而不中。上不在天。下不在田。中不在人。故或之。或之者。疑之也。故无咎。夫大人者。與天地合其德。與日月合其明。與四時合其序。與鬼神合其吉凶。先天而天弗違。後天而奉天時。天且弗違。而況於人乎。況於鬼神乎。

此贊大人之德。能與造化同功也。燧人鑽火而火爲人用。錯之而不至爲災。可以熟食。可以融金。生活以進。文明以啓。此即先天不違。後天奉時之例也。降及神農。教民耕稼播種而百穀生。天不能違。灌溉耘穫以奉天時。又其例也。即在近世。瓦特之用蒸汽。艾迪生之用電力。推之微生物、放射綫。咸能利用。以增人類之幸福。非所謂先天不違後天奉時之大人與。先儒讀易。驚嘆而崇信極之于神明。益之以怪而不知求之于人事。方士虛誕之説。霧塞千載。豈贊易之旨哉。又舉郭子儀爲例。亦未免其細也已。

亢之爲言也。知進而不知退。知存而不知亡。知得而不知喪。其唯聖人乎。知進退存亡。而不失其正者。其唯聖人乎。

此第六節。以上釋乾卦。

阮元校勘記。謂釋文所載。无末五字。是最古本。愚按釋文標其唯聖人乎五字。注曰。王肅本作愚人。後結始作聖人。是王本上句雖與今本不同。然亦有末五字。阮氏所説。未知何據。李氏集解引荀爽曰。「再出聖人者。上聖人謂五。下聖人爲二也。」則漢末已與今本同。阮元所稱最古本者。未可信也。

坤至柔而動也剛。至靜而德方。後得主而有常。含萬物而化光。坤道其順乎。承天而時行。

以上釋坤象

積善之家必有餘慶。積不善之家必有餘殃。臣弒其君。子弒其父。非一朝一夕之故。其所由來者漸矣。由辯之不早辯也。易曰履霜堅冰至。蓋言順也。

此釋坤初六爻義也。而先儒或以積善爲乾。積不善爲坤。坤有弒父弒君之禍。何其鑿也。

直其正也。方其義也。君子敬以直內。義以方外。敬義立而德不孤。直方大、不習无不利。則不疑其所行也。

直內謂脩己也。方外謂接物也。由地道而推論人事。

陰雖有美含之。以從王事。弗敢成也。地道也。妻道也。臣道也。地道无成。而代有終也。

宋衷曰。「臣子雖有材美含藏。以從其上。不敢有所成名也。地得終天功。臣得終君事。婦得終夫業。故曰而代有終也。」

天地變化。草木蕃。天地閉。賢人隱。易曰括囊、无咎、无譽。蓋言謹也。君子黃中通理。正位居體。美在其中。而暢於四支。發於事業。美之至也。陰疑於陽必戰。爲其嫌於无陽也。

釋文。「嫌。鄭作謙。荀虞陸董作嗛。」李氏集解作兼。又「无无字。引九家易曰。陰陽合居故曰兼。」獨異義也。

故稱龍焉。猶未離其類也。故稱血焉。夫玄黃者。天地之雜也。天玄而地黃。

以上釋坤象。

說卦傳

昔者聖人之作易也。幽贊於神明而生蓍。

著。蒿屬。或以爲即茵蔯。宿根不死。培植得宜。恆有叢生逾百。莖長逾丈者。隨處有之。不爲珍異。說苑謂有婦刈著薪而遺著簪。著可爲薪。聖人亦何至稱爲幽贊神明而生邪。此必卜筮術士附會之詞。殆不足信。史記龜策傳所載。亦褚先生之陋也。荀爽謂蓍從爻中生。干寶謂生用蓍之法。皆曲說。不具引。

參天兩地而倚數。

參。三也。兩。二也。倚。立也。一生二。二生三。三生萬物。過此以往。巧歷不能窮。故曰參天兩地以倚數也。天地猶言奇偶。本无深義。而先儒或以天圓地方爲說。近于鑿矣。不言一者。一爲數之始也。

觀變於陰陽而立卦。發揮於剛柔而生爻。和順於道德而理於義。窮理盡性以至於命。

理。物理也。性。人性也。命。天道也。三者。爲學之次第。而學亦備于此矣。

以上爲第一章。

昔者聖人之作易也。將以順性命之理。是以立天之道。曰陰與陽。立地之道。曰柔與剛。立人之道。曰仁與義。兼三才而兩之。故易六畫而成卦。分陰分陽。迭用柔剛。故易六位而成章。

此爲第二章。

天地定位。山澤通氣。雷風相薄。水火不相射。八卦相錯。數往者順。知來者逆。是故易逆數也。

正義曰。「八卦之用。變化如此。故聖人重之。合八卦相錯。乾坤震巽坎離艮兑莫不交互。以象天地雷風水火山澤莫不交錯。則易之爻卦與天地等。性命之理。吉凶之數。既往之事。將來之幾。備在爻卦之中矣。」殷因夏。周因殷。順以考之于前也。繼周百世可知。逆以推之于後也。往者已逝。徒昭炯戒。來者无窮。正資剖析。故易之用在逆數也。先儒乃有坤消爲順。乾息爲逆。乃先天方位已生未生之說。不求于人事可諭之迹。而推考于卦爻无定之位。是同爲穿鑿。皆非易義也。即謂易之用在占卜。亦未免限于一曲耳。

此爲第三章。

雷以動之。風以散之。雨以潤之。日以烜之。艮以止之。兌以說之。乾以君之。坤以藏之。

正義曰。「此又重明八卦之功用。」

此爲第四章。

帝出乎震。齊乎巽。相見乎離。致役乎坤。說言乎兌。戰乎乾。勞乎坎。成言乎艮。萬物出乎震。震。東方也。齊乎巽。巽。東南也。齊也者。言萬物之潔齊也。離也者。明也。萬物皆相見。南方之卦也。聖人南面而聽天下。嚮明而治。蓋取諸此也。坤也者。地也。萬物皆致養焉。故曰致役乎坤。兌。正秋也。萬物之所說也。故曰說言乎兌。戰乎乾。乾。西北之卦也。言陰陽相薄也。坎者。水也。正北方之卦也。勞卦也。萬物之所歸也。故曰勞乎坎。艮。東北之卦也。萬物之所成終而所成始也。故曰成言乎艮。

朱子曰。「此第五章。所推卦位之說。多未詳者。」愚按前後數章。皆列舉八卦之體用。文句簡要。此章首八句亦然。萬物出乎震以下。複釋前文。文繁不殺。似何家注語。掍入本文者。且經傳卦爻各辭。无言方位者。獨此為異。以此疑也。

神也者。妙萬物而爲言者也。動萬物者莫疾乎雷。橈萬物者莫疾乎風。燥萬物者莫熯乎火。說萬物者莫說乎澤。潤萬物者莫潤乎水。終萬物始萬物者莫盛乎艮。故水火相逮。雷風不相悖。山澤通氣。然後能變化既成萬物也。

此爲第六章。

乾健也。坤順也。震動也。巽入也。坎陷也。離麗也。艮止也。兌說也。

此爲第七章。言八卦之性情。

乾爲馬。坤爲牛。震爲龍。巽爲雞。坎爲豕。離爲雉。

艮爲狗。兌爲羊。

此爲第八章。遠取諸物如此。

乾爲首。坤爲腹。震爲足。巽爲股。坎爲耳。離爲目。艮爲手。兌爲口。

此爲第九章。近取諸身如此。

乾天也。故稱乎父。坤地也。故稱乎母。震一索而得男。故謂之長男。巽一索而得女。故謂之長女。坎再索而得男。故謂之中男。離再索而得女。故謂之中女。艮三索而得男。故謂之少男。兌三索而得女。故謂之少女。

此爲第十章。

乾爲天。爲圜。爲君。爲父。爲玉。爲金。爲寒。爲冰。爲大赤。爲良馬。爲老馬。爲瘠馬。爲駁馬。爲木果。

荀九家。此下有爲龍。爲直。爲衣。爲言。

坤爲地。爲母。爲布。爲釜。爲吝嗇。爲均。爲子母牛。爲大輿。爲文。爲衆。爲柄。其於地也爲黑。

荀九家有爲牝。爲迷。爲方。爲囊。爲裳。爲黃。爲帛。爲漿。

布。布帛也。泉布也。分布也。此兼數義。均。平徧也。一本均作旬。十日爲旬。旬亦徧也。

震爲雷。爲龍。爲玄黃。爲旉。爲大塗。爲長子。爲決躁。爲蒼筤竹。爲萑葦。其於馬也爲善鳴。爲馵足。爲作足。爲的顙。其於稼也爲反生。其究爲健。爲蕃鮮。

荀九家有爲玉。爲鵠。爲鼓。龍。虞本爲駹。旉。干寶云。「花之通名。」決躁。皆疾也。蒼筤竹。言竹色之青似琅玕也。作。起也。的顙。白顚也。反。虞本作阪。陵阪也。

巽爲木。爲風。爲長女。爲繩直。爲工。爲白。爲長。爲高。爲進退。爲不果。爲臭。其於人也爲寡髮。爲廣顙。爲多白眼。爲近利市三倍。其究爲躁卦。

荀九家有爲楊。爲鸛。

坎爲水。爲溝瀆。爲隱伏。爲矯輮。爲弓輪。其於人也爲加憂。爲心病。爲耳痛。爲血卦。爲赤。其於馬也爲美脊。爲亟心。爲下首。爲薄蹄。爲曳。其於輿也爲多眚。爲通。爲月。爲盜。其於木也爲堅多心。

荀九家有爲宮。爲律。爲可。爲捒。爲叢棘。爲狐。爲蒺藜。爲桎梏。　血猶恤也。亟。荀曰。極。中也。爲曳。或說應在其於輿也下。多眚。謂輿敗也。心。釋名。纖也。堅多心者。虞謂棗棘之屬。詩。棘心夭夭。禮記。松柏有心。爾維棘樸心。然則多心之木。即多刺之木也。

離爲火。爲日。爲電。爲中女。爲甲冑。爲戈兵。其於人也爲大腹。爲乾卦。爲鼈。爲蟹。爲蠃。爲蚌。爲龜。其於木也爲科上槁。

荀九家有爲牝牛。大腹爲妊身也。

艮爲山。爲徑路。爲小石。爲門闕。爲果蓏。爲閽寺。爲指。爲狗。爲鼠。爲黔喙之屬。其於木也爲堅多節。

荀九家有爲鼻。爲虎。爲狐。黔喙。豺狼之屬。閽刖足。主門。寺。椓陰。主巷。

兌爲澤。爲少女。爲巫。爲口舌。爲毀折。爲附決。其於地也爲剛鹵。爲妾。爲羊。

荀九家有爲常。爲輔頰。附決。果蓏之屬。

此爲第十一章。朱子曰。「廣八卦之象。其間多不可曉。求之于經。亦不盡合。」古人或有取意。世代隔越。遂失其說。亦或術士附會。用以炫人。固不必強爲之解。今訓其辭義而已。

序卦傳

有天地。然後萬物生焉。盈天地之間者唯萬物。故受之以屯。屯者。盈也。屯者。物之始生也。物生必蒙。故受之以蒙。蒙者。蒙也。物之穉也。物穉不可不養也。

故受之以需。需者。飲食之道也。飲食必有訟。故受之以訟。訟必有衆起。故受之以師。師者。衆也。衆必有所比。故受之以比。比者。比也。比必有所畜。故受之以小畜。物畜然後有禮。故受之以履。履而泰。然後安。故受之以泰。泰者。通也。物不可以終通。故受之以否。物不可以終否。故受之以同人。與人同者物必歸焉。故受之以大有。有大者不可以盈。故受之以謙。有大而能謙。必豫。故受之以豫。豫必有隨。故受之以隨。以喜隨人者必有事。故受之以蠱。蠱者。事也。有事而後可大。故受之以臨。臨者。大也。物大然後可觀。故受之以觀。可觀而後有所合。故受之以噬嗑。嗑者。合也。物不可以苟合而已。故受之以賁。賁者。飾也。致飾然後亨。則盡矣。故受之以剝。剝者。剝也。物不可以終盡。剝窮上反下。故受之以復。復則不妄矣。故受之以无妄。有无妄然後可畜。故受之以大畜。物畜然後可養。故受之以頤。頤者。養也。不養則不可動。故受之以大過。物不可以終過。故受之以坎。坎者。陷也。陷必有所麗。故受之以離。離者。麗也。

以上爲上篇。

有天地。然後有萬物。有萬物。然後有男女。有男女。

然後有夫婦。有夫婦。然後有父子。有父子。然後有君臣。有君臣。然後有上下。有上下。然後禮義有所錯。夫婦之道不可以不久也。故受之以恆。恆者。久也。物不可以久居其所。故受之以遯。遯者。退也。物不可以終遯。故受之以大壯。物不可以終壯。故受之以晉。晉者。進也。進必有所傷。故受之以明夷。夷者。傷也。傷於外者必反於家。故受之以家人。家道窮必乖。故受之以睽。睽者。乖也。乖必有難。故受之以蹇。蹇者。難也。物不可以終難。故受之以解。解者。緩也。緩必有所失。故受之以損。損而不已必益。故受之以益。益而不已必決。故受之以夬。夬者。決也。決必有遇。故受之以姤。姤者。遇也。物相遇而後聚。故受之以萃。萃者。聚也。聚而上者謂之升。故受之以升。升而不已必困。故受之以困。困乎上者必反下。故受之以井。井道不可不革。故受之以革。革物者莫若鼎。故受之以鼎。主器者莫若長子。故受之以震。震者。動也。物不可以終動。止之。故受之以艮。艮者。止也。物不可以終止。故受之以漸。漸者。進也。進必有所歸。故受之以歸妹。得其所歸者必大。故受之以豐。豐者。大也。窮大者必失其居。故受之以旅。旅而无所容。故受之以巽。巽者。入也。入而後說之。故受之以兌。兌者。說也。說而後散之。故受之以渙。渙者。離也。物不可以終離。故受之以節。節而信之。故受之以中孚。有其信者必行之。故受之以小過。有過物者必濟。故受之以既濟。物不可窮也。故受之以未濟。終焉。

以上爲下篇。易卦六十四。象類萬物。其間同異順逆之大較。蓋有可言者。比次成列。或有其自然之序。若坤之于乾。益之于損。是以相反爲次也。蒙之于屯。恆之于咸。是以相承爲次也。他類此者。或尚有之。

跋 寫在《周易詁辭》後面

郁念純（熙如）兄和我從　先師學《易》是一九四四年間事，去今已逾半個世紀。　先師辭世已三十五載，而我輩也垂垂老矣！

我於《周易》，原先讀來覺得有些神祕，索解也不免有些難處，及至聽講了，眼前卻展現若干先民生活的場景，清楚而且親切。如『屯卦』的『屯如，邅如，乘馬斑如，匪寇，婚媾。』『乘馬斑如，泣血漣如。』『賁卦』的『屯如，皤如，白馬翰如，匪寇，婚媾。』這是寫古代搶婚的情狀。如『需卦』的『需于郊』。

『需于沙』，『需于泥』，『需于血（洫）』，『需于酒食』，『入于穴』。這是寫穴居時代先民游行漫衍的狀況。先民爲了求生存求發展，他們在歸納生活的經驗，他們在推斷行事的吉凶。從各卦裡，我們見到不少此類爻辭。

先師在《詁辭》裡已有解說。在各卦解說之末，並多結出一卦所反映先民生活的主要方面。如：

《屯》，此卦所述凡三義：一立國，二成家，三從獵，皆上世重要之事，當其伊始，莫不艱難困苦，故屬之屯。

《師》，此卦寫古代行師勝負之事。

《比》，此卦述古代群族相與聯合之事。
《小畜》，此卦述出行遇雨之事。雷雨時作，流潦縱橫，舟楫之利未興，行旅有飢寒之患，故古人重之。
《隨》，此卦述追敵獲俘之事。
《賁》，此卦述賁飾之事，先民美術思想，肇於此矣。
《升》，此卦述建立周邑之事。
《困》，此卦述衣食住行之改進及群情疑懼之事。
先師對各家論《易》著作，聞見極博，但仍蒐讀不倦；還讀《辯證唯物論》、《古代社會研究》等等。而對《周易》的理解論斷卻極爲審愼，如：

《離》，此卦雜陳多義，未詳所主。

《姤》，此卦含義，愚所不詳。

《夬》，此卦述符契號令之事，遇雨牽羊，所不詳也。

先師治學的嚴謹態度，對我們也是極爲深刻具體的教育。

先師一九四四年四月《居安日記》裡曾記：

從熙如處借得喬萊《易俟》來。以史證易，近於干寶，其述義托象，多合事理，易類書之通達者也。雖未必即達其眞，然較之他書之支離附合者勝之遠矣。近人多稱道張惠言、焦理堂，亦徒震於其大名耳。實則升降旁通繳繞之詞，其誣誕與京房不遠。抑彼崇此，似何其不知類也。

先師研究《周易》的觀點傾向，這已說得十分明白。此次學《易》，先師引導我們走的是實事求是的路，我至今仍深覺幸運。

先師《日記》又說：

『易本不可講，而熙如諄諄相請，難卻其意，因爲之約略敷陳大意而已，不能得其微旨也。』我得　先師啓蒙，至今難忘。其後時移世易，雖所從事仍屬文科工作，而對《周易》已無緣作更深入的研究，這次學習到的就成了我關於《周易》的僅有的知識了。

先師當年寫成的《周易詁辭》原稿，『文革』初遭劫，現幸由念純兄覓得書賈抄本，以垂老之年，奮力校閱，改正脫誤，誠足慶幸。再次捧讀，不能不憶起彼時日寇侵占我們家鄉，我們生活在困頓掙扎之中，仍一面從　先師學習我們民族文化的日子。

近年問世的有關《周易》的書頗爲不少，但　先師這一本，一旦出版，對嚴肅的研究者，必有若干的啓迪。
我患『心力衰竭』，無力多寫，僅記數語，以誌感念！
受業芮和師一九九五、十一、二〇

後記

此輯之成，全繫於郁念純師兄一人之身。雖曰機緣巧合，若非念純師兄多方設法，輾轉請託，鍥而不舍，何由能成？爲此，全家感戴，吾後世子孫更應銘記在心，永志不忘。

民國七十七年（一九八八），震回大陸，在上海珊祜大姊及二弟滋處，攜來之先父遺稿中未見《周易詁辭》，雖先父呈柳太夫子貽徵先生函中曾經提及，且已刊於《蘦硯齋詩文殘稿》，當時並未留下任何印象，以昔日所讀之書太少，不知此《周易詁辭》爲何物，匆忙中抄寫付印而已。現今思之，何粗心如此！先父博學，震難及萬一，遂成虎父犬子，愧甚、慚甚！

兩岸分隔數十年後得與念純師兄取得聯繫，因而佳音頻傳，不但先有《說文部首授讀》之得以印行，繼又知《周易詁辭》及《莊子詁義》有重現之可能，其經過頗爲曲折，應予詳述。

《藟硯齋叢書》之四《莊子詁義》僅爲內篇，且亦不全，當時並未深究何以殘缺，一心爲保存先父遺稿免再遭散佚而已。此經念純師兄借錄之《周易詁辭》原稿，乃民國三十一年（一九四二）七月先祖母仙逝後，先父居喪在家時所寫，惜與《莊子詁義》均已佚於文化大革命期間二舍弟滋之滬寓中。處此動亂時代，滋弟能保住性命已屬萬幸，先父遺著遭紅衛兵之劫掠，僅能存諸懷念耳，何敢妄求復得？然天下事常出意料之外，蓋念純師兄於文革末期中，忽於其摯友工院同事陶振亞先生之揚州大十三灣巷寄寓之鄰家，見一老翁聚精會神以毛筆工楷抄書。其時人民生活困苦，何有此雅興於舊學之研究？受好奇心驅使，探首以察究竟，孰料不看則已，一看之下，大驚失色！想當時念純師兄所受衝擊之大，定必無法形容也。

民國三十二年至三十四年間（一九四三—一九四五），念純師兄曾與芮和師師兄從先父研習《莊子》及《易經》等，見有《周易詁辭》及《莊子詁義》之著，曾借錄揣摩。此抄本於文革除四舊時，不敢不遵從紅衛兵之勅令佈告，與其他舊書，一同送進揚州旌忠寺堆藏，當時心痛而無可奈何，僅不時惋惜而已。今老翁所抄者，竟爲被堆置該寺之抄本，驟然又睹原物，能不激動萬分？經詢，乃知爲古籍書店抄寫出售，當時自不敢說明原委，念純師兄心中之難受將何如邪！

念純師兄向以舌耕維持生活，而食指浩繁，僅能以生命爲重，對此事亦僅傷感、落淚而已。三十年間事，彈指而過。後經于在春先生轉告芮和師師兄，得知《藹硯齋叢書》在台印行，急函念純師兄，遂又憶及往事。多年前既見抄本，證明未被焚燬，應可有物歸原主之望，因此一念，夢幻竟成眞實。

念純師兄年過八旬，又患關節炎、白內障等病，行動極度不便。幸寓揚多年，平日熱誠待人，交游廣闊，遂得顧一平先生慨允相助。以其服務於邗江政協與文化界熟稔之便，立即趨訪揚州古籍書店珍藏部負責人，其人年輕，以無聞對。忽一老者於旁插嘴曰：『確有其事，記得曾抄錄多部出售，可去南京圖書館及各學校圖書館查詢。』此老者係書店退休職工，去店中訪舊友閒談，乃有此巧遇，先父遺稿始得重見天日，似爲冥冥中注定事。謹於此遙拜，感謝此不知名之老者，福澤綿延，功德無量。

次一步驟，乃由念純師兄託外地友人到公私圖書館查詢，終於輾轉得到一份複印件，計共十四冊，《周易詁辭》原稿係大本一厚冊，傳抄本分爲四小冊；《莊子詁義》係按內、外、雜篇分裝三冊，傳抄本分爲十冊，蓋書賈爲提高售價計也。此傳抄本係書賈從念純師兄於文革中佚失之陳李影寫本轉錄而來，錄後未經細校，除錯漏字句甚多外，竟將《易詁》漏抄原稿中之一大整葉，已由念純師兄於校勘時將此缺葉中之經文補全，詁辭只有從缺矣！

失而復得，更覺寶貴，自應及早付印。由於所尋得者是傳抄本，譌誤不少，必須校訂，遂懇請念純師兄勘誤兼加標點。念純師兄自是滿口應承，但認爲先秦古籍，如要按照現時流行方式標點則以力不勝任辭。爲此而書信往返討論，決定全部以舊日流行方式句讀。

念純師兄忍受一目視網膜剝離失明、一目白內障視力太弱閱讀吃力及雙手因類風濕性關節炎而僵直，書寫困難之苦，又因患攝護腺肥大而尿頻，且曾一度因血糖過低而昏迷。以上種種情況，不但妨礙工作，更影響家人日常生活，仍咬緊牙根，不肯絲毫鬆懈，一切以先父遺著爲重，置個人健康於不顧，歷兩寒暑完成。念純師兄爲此兩輯出力多矣，每思何以爲報，何以爲報邪？

日寇侵略我國，震之中學教育於動盪環境下度過，在古書方面，僅從先父背誦過《論語》及《古文辭類纂》中幾篇文章而已，但二舍弟滋於戰後隨侍先父約十年，耳濡目染、日積月累，古文修養勝震多矣。此次校勘亦出力參予研討，故蒙念純師兄多次來函讚譽也。

念純師兄原擬對《易》、《莊》兩稿進行三校，終因體日益衰、視日益弱、手日益僵，加以右股骨又發生退行性病變，不良於行，不得不止於二校，兩年間之辛苦備嘗矣。

去歲七月即得念純師兄諭知已竟全功，惜兩岸間交通不便，直至十月始與滋弟同至揚州郁府拜謁念純師兄、領歸先父遺稿傳抄本複印件。爲『于』與『於』兩字之用法困擾數月，書信往返費時，多有延擱，又耗時半載未能付梓，實有負念純師兄兩年不懈之精神也已。

先父畢生從事於教育事業，課餘亦手不釋卷。震畢業於國防醫學院後即以牙醫糊口，庸碌一生，愧對先父。幸次子肇宏於民國八十年（一九九一）獲美國賓州州立大學工程碩士。長子肇嘉繼於去歲（一九九五）得美國傑佛遜大學生化博士。小女肇芸今夏亦於美國康乃爾大學完成植物病理碩士學業。其所以稍有成就者，皆係食先人舊德之所致也。先父博洽，而震不能克紹箕裘，前曾以贖罪之心情，竭力印行《藷硯齋叢書》，仰賴念純師兄之賜，得多刊三輯（《說文部首授讀》、《周易詁辭》及《莊子詁義》），完全出意料之外，是乃先父五十年前寓居寶應爲郁、芮二位師兄講授《莊》、《易》等書所未意想到之福報，先父在天之靈自必慰甚。

得此二稿之初，私心甚盼能請念純及和師二位師兄同時分別點校後彙整，而和師師兄自謙功力遠遜念純師兄，堅請念純師兄獨力圈校，僅允構思兩篇「寫在後面」爲已足。其謙抑如此，處今之世，實屬難能而可貴者也，令震敬佩無已。今年，和師師兄心臟病復發，去歲農年除夕不得不住院治療，長達三越月，醫囑不可勞累，但〈莊跋〉未成（〈易跋〉早已寄達），時在念中，因而未能獲得完全休息，利用其間稍有體力之三、四日奮力寫成。震於捧讀之際，感念郁、芮二位師兄爲報師恩均置舊疾於不顧。反觀自己，取回兩稿業已近年尚未送印，能不汗顏？不但愧對二位師兄，亦無顏見先父於泉下！

念純、和師二位師兄爲《易》、《莊》寫敘與跋，徐沁君先生多次解決詁文中爲鈔胥所訛誤之處，顧一平先生親訪書賈，徐永楠先生慨假書籍多冊，梁嶸小姐及王正來先生謄寫敘文，郁府全家合力照顧老人生活，對此二輯均有莫大助力，乃得終底於成，謹代表范家子孫同申謝意。

震既無學識，又乏才能，今勉強爲此兩輯共寫一後記，亦不過聊記完成此兩輯之種種因緣而已，實不勝惶愧之至。

中華民國八十五年七月淮陰范　震謹記於台北市

本書之成，全賴郁念純先生。惜幾經周折，現始竣事。而念純師兄已於今（八十六）年二月十四日近午之時病逝揚州寓所，哀哉！其於校訂期間，曾一再渴盼有生之年能覩成果，其奈震之因循怠忽，未如其願，自覺汗顏無地。

付梓期間，又常有自以爲是之困惑，因之查閱校勘，輾轉需時。幸賴程　凱醫師轉懇謝朝拭教授在百忙中代爲審閱指點迷津，始知多爲震才疏學淺自作聰明之誤，平白浪費幾許韶光，稽延之過，深感愧對先父及念純師兄於泉下。

至於謝教授之指導贊助，則尤爲衷心銘感者也。

八十六年九月范　震補記